Agnes Schmidt
*...denn was wir wollen ist mehr als eine Frauen-,
es ist eine Menschheitsfrage!*
Aufsätze zur Geschichte der Frauen
und der Frauenbewegung

Für Horst, Marcel und Annette.

Agnes Schmidt, Dipl. Soz., leitet seit 1998 ehrenamtlich die
Luise-Büchner-Bibliothek, Darmstadt

Agnes Schmidt

...denn was wir wollen ist
mehr als eine Frauen-, es ist
eine Menschheitsfrage!

Aufsätze zur Geschichte der Frauen
und der Frauenbewegung

Luise Büchner-Bibliothek
Darmstadt 2025

Gestaltung und Layout: Micky Wiesner, Darmstadt
Verlag: BoD · Books on Demand GmbH,
Überseering 33, 22297 Hamburg, bod@bod.de
Druck: Libri Plureos GmbH, Friedensallee 273,
22763 Hamburg
ISBN: 978-3-7693-7635-7

Gedruckt mit freundlicher Unterstützung der
Wissenschaftsstadt Darmstadt

Wissenschaftsstadt
Darmstadt

Inhalt

Vorwort

Das Leben der Frauen war Jahrhunderte lang in fast allen Ländern der Erde durch Frauenfeindlichkeit, Kleidungsvorschriften, Ausschluss aus bürgerlichen Institutionen, Schulen, Bibliotheken, Überwachung und Kontrolle in allen Lebensbereichen bestimmt. Es war im Laufe der Geschichte zwar auch der größte Teil des männlichen Geschlechts von Herrschenden abhängig, aber Frauen befanden sich stets auf der untersten Stufe der Skala der Unterdrückung. Der Weg zur Freiheit ist für die weibliche Hälfte der Menschheit lang und voll mit Hindernissen.

In modernen Staaten der Gegenwart in Europa und Nordamerika sind Frauen zwar rechtlich gleichgestellt, die Gängelung, die Geringschätzung ihrer Leistungen, die versteckte oder sogar offene Verachtung gegen sie sind jedoch auch dort stets präsent geblieben. Und nicht zu vergessen: In den meisten Ländern der Erde haben Frauen weder die gleiche Rechte noch das Ansehen wie Männer. Sie werden oft in Häusern eingesperrt, ungestraft geschlagen und vergewaltigt.

Die vorliegende Publikation enthält Aufsätze und Vorträge, in denen ich im Laufe der Jahre zur Geschichte der Ungleichheit zwischen den Geschlechtern verfasst habe. Mein Leitsatz war dabei stets eine Warnung der Darmstädter Frauenrechtlerin Luise Büchner, den sie 1855 an heranwachsende Mädchen ihrer Zeit richtete:

> *O, ihr rosigen Kinder, ... ihr sollt Rosen ins Haar flechten und das weiße Gewand tragen, aber darunter die Rüstung der Pallas Athene!*

Angesichts des weltweiten wachsenden Antifeminismus brauchen Mädchen und Frauen weiterhin die Rüstung der Pallas Athene beim Kampf für Ihre Rechte. Beispiele mutiger Frauen in der Vergangenheit zeigen uns jedoch den Weg zur Freiheit und zu einer Welt, in der die Menschenrechte vorbehaltlos für alle gelten.

1. Teil:
Für und wider die Frauen

Der Kampf gegen Frauenfeindlichkeit

Von der österreichischen Schriftstellerin, Marie Ebner-Eschenbach stammt der berühmte Satz:

> »Als die erste Frau lesen lernte, trat die Frauenbewegung in die Welt«.

Wer diese erste Frau war, wissen wir natürlich nicht, wir wissen nur, dass der Zugang zu Büchern für Frauen in der Vergangenheit sehr viel schwieriger war als für Männer. Dennoch gab es immer wieder lesekundige Frauen, die nicht nur selber Bücher sammelten, sondern sich auch schriftlich gegen frauenfeindliche Haltungen und Äußerungen ihrer männlichen Zeitgenossen zur Wehr setzten.

Zu den ersten namentlich bekannten Kritikerinnen frauenfeindlicher Schriften gehört die Schriftstellerin **Christine de Pizan** (1364–1429) in Paris. Sie war Ende des 14. Jahrhunderts über den Unsinn, den männliche Autoren in ihren Büchern über Frauen verbreiteten, dermaßen verärgert, dass sie eine Gegenschrift verfasste. Ihr *Buch von der Stadt der Frauen* ist nach Meinung vieler Wissenschaftlerinnen der erste bekannte feministische Text der Weltliteratur. Im Vorwort des Buches, das als Handschrift in mehreren Kopien überliefert ist, beschreibt die Autorin, wie sie eines Tages nach der Lektüre eines Buches, dessen Autor Frauen wiederholt mit Schmähungen und Herabsetzungen überzog, ins Grübeln geriet:

> [...] welches der Grund, die Ursache dafür sein könnte, so viele und so verschiedene Männer, ganz gleich welchen Bildungsgrades, dazu neigten und immer noch neigen, in ihren Reden, Traktaten und Schriften derartig viele teuflische Scheußlichkeiten über Frauen und deren Lebensumstände zu verbreiten. Und zwar nicht nur einer oder zwei oder jener Matheolus, der in literarischer Hinsicht völlig unbedeutend ist und Lügengewäsch verbreitet, nein: allerorts, in allen möglichen Abhandlungen

scheinen Philosophen, Dichter, alle Redner wie aus einem einzigen Munde zu sprechen und alle zu dem gleichen Ergebnis zu kommen, dass nämlich Frauen in ihrem Verhalten und ihrer Lebensweise zu allen möglichen Formen des Lasters neigen.

Eine Antwort auf ihre Frage fand Christine de Pizan zwar nicht, sie zählt jedoch die Tugenden zahlreicher Frauen aus der Geschichte und Mythologie auf, um zu zeigen, dass die Behauptungen ihrer Zeitgenossen grundsätzlich falsch sind. Mit ihrer Schrift gab sie Frauen, zumindest denjenigen, die lesen konnten, eine Reihe von Argumenten und Beispielen gegen frauenfeindliche Vorurteile an die Hand.

Knapp hundert Jahre nach Christines Streitschrift erschien eines der frauenfeindlichsten Bücher der Weltliteratur, der *Hexenhammer* (Malleus maleficarum), verfasst von dem dominikanischen Mönch und Inquisitor Heinrich Kramer. Das 1486 erstmals in Speyer gedruckte Buch wurde bis zum Ende des 17. Jahrhunderts in neunundzwanzig Auflagen nachgedruckt und diente bei kirchlichen und weltlichen Gerichten mehr als zweihundert Jahre lang als Grundlage für Anklage und Verurteilung von Frauen wegen angeblicher Hexerei und Zauberei.

Als Reaktion auf solche und weitere frauenverachtende Schriften in den folgenden Jahrhunderten gab es immer wieder Widerspruch von gebildeten Frauen. Die venezianische Autorin **Moderata Fonte** (1555–1592) zum Beispiel gab in ihrem Buch *Das Verdienst der Frauen* ihre Thesen kund, »*warum Frauen würdiger und vollkommener als Männer*« seien. Das humorvolle Buch hatte nicht nur bei Zeitgenossinnen der Autorin großen Erfolg, sondern auch bei manchen gelehrten Männern.

Zahlreiche frauenfeindliche Bücher begleiteten die erstarkte Frauenbewegung im 19. Jahrhundert. Veröffentlichungen des Frauenverächters Otto Weininger fanden reißenden Absatz im Buchhandel, ebenso das Werk des Neurologen und Psychiaters Paul Julius Möbius, dessen erste Auflage 1900 erschien. Bis zum Ersten Weltkrieg wurde das Buch mit dem programmatischen Titel *Über den physiologischen Schwachsinn des Weibes* mehrmals verlegt, erntete allerdings viel Widerspruch, nicht nur von führenden Frauenrechtlerinnen, sondern auch von vielen fortschrittlichen Wissenschaftlern. In seinem Werk behauptet Möbius, Frauen seien infolge von geringerem Gehirnvolumen als Männer zum abstrakten Denken unfähig. Sollten jedoch Ausnahmen existieren, würde Gelehrsamkeit bei Frauen nach seiner Überzeugung ihre Fruchtbarkeit gefährden. Möbius' Essay erschien auf dem Höhepunkt einer in Deutschland hitzig geführten Debatte über die Zulassung von Frauen als reguläre Studentinnen an den Universitäten.

Zu einer Zeit, als an den Universitäten der Vereinigten Staaten von Amerika und einiger europäischen Länder Frauen bereits erfolgreich ein Studium absolvierten, lehnten die meisten Professoren in Deutschland die Aufnahme von Studentinnen an ihren Instituten ab. Max Planck, der berühmte Naturwissenschaftler, antwortete 1900 in einer Umfrage über das Frauenstudium Folgendes:

> *Amazonen sind auch auf geistigem Gebiet naturwidrig. Bei einzelnen praktischen Aufgaben, z.B. in der Frauenheilkunde, mögen vielleicht die Verhältnisse anders liegen, im Allgemeinen kann man nicht stark genug betonen, dass die Natur selbst der Frau ihren Beruf als Mutter und als Hausfrau vorgeschrieben hat, und dass Naturgesetze unter keinen Umständen ohne schwere Schädigungen … ignoriert werden können.*

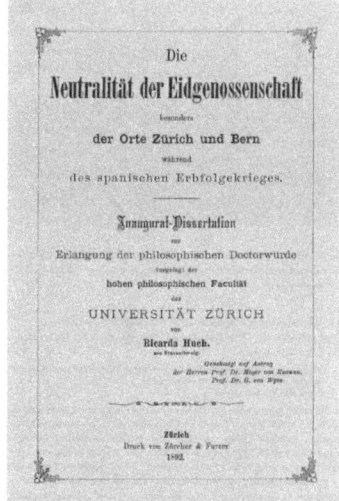

Wie unhaltbar solche Thesen waren, zeigen die Absolventinnen der Universitäten in Zürich und Bern, die bereits seit Ende der 1860er Jahren ihre Doktortitel in Medizin und anderen Wissenschaften erworben hatten. Historikerinnen wie **Ricarda Huch** (1864–1947) zum Beispiel, die 1892 in Zürich promovierte, war um 1900 bereits erfolgreiche Autorin historischer Werke, ebenso die Darmstädter Literaturwissenschaftlerin **Ella Mensch** (1859–1935), die ihr

Doktorexamen an der Züricher Universität mit magna cum laude ablegte und eine erfolgreiche Journalistin war.

Dennoch, die *Querelle des femmes* ging auch im 20. Jahrhundert weiter.

Virginia Woolf (1882–1941) schildert in ihrem 1929 veröffentlichten *Essay A Room of One's Own* wie groß ihr Ärger war, als sie in der Bibliothek im British Museum Bücher zeitgenössischer Autoren über Frauen las. Wie Christine de Pizan rund fünfhundert Jahre zuvor, fragte sie sich, warum Männer, wie auch ein berühmter Professor an der Universität von Cambridge, so zornig auf Frauen seien? Hat dieser Zorn psychologische Gründe? – fragte sie sich. Und warum wird von Professoren und anderen gelehrten Männern immer wieder behauptet, Frauen seien geistig, sittlich und körperlich den Männern unterlegen?

Die große englische Schriftstellerin gab auf diese Fragen eine überraschende Antwort:

> *Womöglich ging es dem Professor, wenn er etwas zu nachdrücklich auf der Unterlegenheit der Frauen beharrte, gar nicht um deren Unterlegenheit, sondern um seine eigene Überlegenheit. Sie war es nämlich, die er reichlich hitzköpfig und mit großem Nachdruck beschützte, denn sie war für ihn ein Juwel von unschätzbarem Wert.*

In ihrem zweiten großen Essay *Three Guinees*, der 1938, am Vorabend des Zweiten Weltkriegs, erschien, sah Virginia Woolf die Wurzel des aufkommenden Faschismus auch im autoritären Charakter von Männern, die ihre Überlegenheit dem anderen Geschlecht, der anderen Rasse oder Nationalität gegenüber stets behaupten wollten. Angesichts der Nazi-Diktatur in Deutschland und Italien warnte sie ihre Zeitgenossen vor einem neuen Krieg. Der erste Schritt für die Verhinderung des Krieges wäre, schrieb sie, das Patriarchat im eigenen Land abzuschaffen, damit Frauen und

Männer zusammen für Gerechtigkeit, Freiheit und Gleichheit sowie gegen Diktatoren kämpfen könnten.

Virginia Woolfs scharfsinnige Analyse wurde nach 1945 von Historikern und Kulturtheoretikern aufgegriffen, vor allem von dem deutschen Kulturwissenschaftler **Klaus Theweleit**. Er beschrieb Ende der 1970er Jahren in einer umfangreichen Studie einen Männertyp, der den Faschismus mit seiner extremen Frauen- und Judenfeindlichkeit ermöglichte und zur Ermordung von Millionen Frauen, Männern und Kindern führte.

Frauenfeindlichkeit, Antisemitismus und Rassismus existieren leider auch in der Gegenwart, nicht nur in autoritären Staaten wie Iran oder Saudi-Arabien, sondern auch in vielen Köpfen in der westlichen Welt. Durch den von Virginia Woolf und Klaus Theweleit beschriebenen autoritären Charakter vieler Staatsführer entstehen immer wieder neue Ungleichheiten und Feindseligkeiten gegen andere, die oft zu weiteren Konflikten und Kriegen führen.

Männer für die Egalität der Geschlechter

Jahrhundertelang waren die meisten Menschen von der Überzeugung erfüllt, dass Frauen von Natur aus den Männern körperlich und geistig unterlegen seien. Bekanntlich kämpften Frauen ebenso lange gegen diese Auffassung und forderten Zugang zu Bildung und Ausbildung sowie das Recht auf Erwerbsarbeit und politische Partizipation. Infolge der Aufklärung Ende des 18. Jahrhunderts erkannten auch einige männliche Philosophen, Schriftsteller und Politiker die Rechtlosigkeit von Frauen und forderten in ihren Schriften die Gleichstellung der Geschlechter. Im Folgenden möchte ich vier dieser Männer vorstellen, die sich nicht nur durch ihren Scharfsinn und Humanität, sondern auch durch Humor, Sanftmut und Zuneigung im Umgang mit ihren weiblichen Zeitgenossinnen auszeichneten.

Theodor Gottlieb von Hippel (1741–1796)

»Wo, wann und wie entstand die Überlegenheit des Mannes über das Weib? Was gab dem Manne das Schwert in die Hand? Und was verwies das Weib an die Spindel?« Mit solchen und ähnlichen Fragen beschäftigte sich **Theodor Gottlieb von Hippel** im ausgehenden 18. Jahrhundert im fernen Königsberg. In seiner Schrift Über die *bürgerliche Verbesserung der Weiber*, die er 1792 veröffentlichte, empörte sich der Philosoph darüber, dass die Erklärung der Menschen- und Bürgerrechte in Folge der Französichen Revolution zwar für alle gelten sollte, in Wirklichkeit aber nicht für Frauen gültig war. Die männliche Herrschaft über die Frauen sei nicht naturgegeben, stellte Hippel fest, sie sei das Ergebnis einer langen gesellschaftlichen Entwicklung. Die Wurzeln lägen weit zurück in der Geschichte der Menschheit. Nach der Analyse der Ursachen der Frauenunterdrückung in fast allen in ihm bekannten Gesellschaften forderte der Philosoph eine bessere Erziehung für Mädchen, damit sie genauso am Staatsleben teilnehmen könnten wie Knaben:

Die Scheidewand höre auf! Man erziehe Bürger für den Staat, ohne Rücksicht auf den Geschlechtsunterschied, und überlasse das, was Weiber als Mütter, als Hausfrauen wissen müssen, dem besondern Unterricht; und alles wird zur Ordnung der Natur zurückkehren. Noch lange ist Erziehung nicht das, was sie sein könnte und sollte.

Die bürgerliche Gesellschaft brauche laut Hippel die volle Entfaltung der Frauen, damit sie vollwertige Bürgerinnen in ihr werden. Diese Erkenntnis und die Art wie Hippel ihre Argumente zugunsten der Frauenemanzipation hervorbringt, macht ihn unendlich sympathisch. Er, der nicht nur philosophische, sondern auch humoristische Schriften verfasste und auch außerhalb seines Schreibtisches als Politiker – u.a. auch Bürgermeister von Königsberg – Karriere machte, machte sich mit seinen Schriften zur »Frauenfrage« bei seinen Zeitgenossen nicht gerade beliebt. Sein berühmter Philosophenkollege **Kant** (1724–1804), an dessen Tafelrunden Hippel regelmäßig zu Gast war, billigte ganz gewiss nicht seine Ansichten über die

Geschlechterfrage. Bekanntlich fehlen in der Kantschen Philosophie Vorstellungen von der Frau als einem frei handelnden Wesen. Zeitgenössische Kritiker zählten Hippels Schrift über die Stellung der Frau in der bürgerlichen Gesellschaft übrigens zu seinen schlechtesten Arbeiten. Seine Ansichten über den Vorzügen der Frauen sind nirgendwo sichtbar, argumentierten sie, sie existierten nur im Kopf des Autors. Der unverheiratete Hippel fand übrigens in seinem gleichnamigen Neffen einen würdigen Nachfolger, der 1835 sämtliche Werke seines Onkels herausgab.

Charles Fourier (1772–1837)

Seine Gedanken und Vorschläge zur Schaffung einer glücklichen Gesellschaft, in der Frauen und Männer harmonisch miteinander leben und arbeiten, machten den französischen Utopisten **Charles Fourier** vor allem bei Leserinnen seiner Schriften zu einem der meistgeschätzten Denker seiner Zeit. Er ist nach Meinung der Frankfurter Professorin Ute Gerhardt sogar *»der erste explizit als Feminist zu bezeichnende Sozialphilosoph«.*

Fourier übte massive Kritik an der bürgerlichen Gesellschaft, in der krasse Ungleichheiten zwischen Arm und Reich und Mann und Frau vorherrschten. Die althergebrachten Einrichtungen verhinderten, dass der Mensch seine natürlichen positiven Möglichkeiten entfaltet. Mit der Schaffung von kleineren überschaubaren Gemeinschaften, in denen die Menschen entsprechend ihrer Charakterstruktur zusammenlebten und ihre Arbeit organisierten, glaubte Fourier, alle Übel der modernen Gesellschaft beseitigen zu können.

Bahnbrechend ist seine Erkenntnis – wir sind Anfang des 19. Jahrhunderts!- , dass das Ehe- und Familienrecht allen Frauen ohne Ausnahme den Beruf der Hausfrau aufzwinge, obwohl nur ein kleiner Teil der Frauen tatsächlich dazu Neigung verspüre: *»Wenn wir die jungen Mädchen darauf beobachten, so werden wir finden, dass sich höchstens ein Viertel zur Hausfrau eignet und dass drei Viertel an dieser Beschäftigung keinen Gefallen finden«* – schrieb Fourier und entwirft eine neue Gesellschaftsordnung, in der häusliche Arbeiten so vereinfacht werden, dass nur wenige Gesellschaftsmitglieder damit beschäftigt werden müssen.

Revolutionär sind auch Fouriers Ansichten über das Sexualleben: Er forderte die Aufhebung der Monogamie auch für Frauen. Die sexuelle Beziehung solle nach seiner Meinung weder zu einem Vertrag noch zu einem Bund führen. Nur Zuneigung, Liebe und Begehren sollen das Zusammenleben der Geschlechter regeln. Solche Ansichten lösten natürlich sowohl in staatlichen als auch in kirchlichen Kreisen große Empörung und vehemente Kritik aus. Während Fouriers antikapitalistische Theorien durch antisemitistische Äußerungen getrübt sind, gilt seine oft zitierte Feststellung, *»Die Veränderung einer geschichtlichen Epoche lässt sich immer aus dem Verhältnis des Fortschritts der Frauen zur Freiheit bestimmen«* auch heute noch.

John Stuart Mill (1806–1873)

Der englische Philosoph war wahrscheinlich der erste Wissenschaftler, der mit seiner Frau **Harriet Taylor Mill** (1807–1860) nicht nur in einer gleichberechtigten Partnerschaft, sondern auch in einer harmonischen Arbeitsgemeinschaft lebte. Ihr Gemeinschaftswerk zur Frauenemanzipation erschien in deutscher Übersetzung 1869 unter dem Titel: *Die Hörigkeit der Frau* und fand in kürzester Zeit große Verbreitung. Das Werk wurde durch **Jenny Hirsch**, Herausgeberin des Presseorgans des Berliner Lette-Vereins und enge Freundin der Darmstädter Frauenrechtlerin **Luise Büchner** noch im gleichen Jahr übersetzt. Das Buch wurde sowohl von radikalen Frauenrechtlerinnen als auch von vielen Frauen aus dem Bildungsbürgertum begeistert gelesen. Die Mills forderten die Gleichstellung der Geschlechter in allen gesellschaftlichen Bereichen: in der Bildung ebenso wie in der Arbeit, in der Sexualität ebenso wie auf der politischen Bühne. Im Vorwort des Buches, das erst nach dem Tod seiner Frau erschien, schrieb Mill:

> *Die vorliegende Arbeit hat den Zweck, so klar, wie es mir irgend möglich ist, die Gründe darzulegen, welche mich von der frühesten Zeit an, zu einer Ansicht bestimmten …, dass das Prinzip, nach welchem die jetzt existierenden sozialen Beziehungen zwischen beiden Geschlechtern geregelt werden – die gesetzliche Unterordnung des einen Geschlechtes unter das andere – an und für sich ein Unrecht und gegenwärtig eines der wesentlichsten*

Hindernisse für eine höhere Vervollkommnung der Menschheit sei.

Deshalb forderte der Autor, dieses System durch ein anderes zu ersetzen, in dem ein Prinzip herrsche, »*welches von der einen Seite keine Macht und kein Vorteil zulässt und von der andern keine Unfähigkeit voraussetzt*«.

John Stuart Mill muss ein sanfter und bescheidener Mann gewesen sein. Und ein großer Liebender. Immer wieder betonte er, wie viel er seiner Frau verdanke.

Wie alles, was ich seit vielen Jahren geschrieben habe, ist er der ihre so sehr wie der meine ... Wäre ich nur imstande, der Welt die Hälfte der großen Gedanken und edlen Gefühle zu erschließen, die in ihrem Grabe ruhen, so würde ich ihr wahrscheinlich einen größeren Dienst erweisen als durch irgend etwas von dem, was ich ohne den Einfluss und durch die Unterstützung ihrer beinahe unvergleichlichen Weisheit schreiben kann«

– schrieb er im Vorwort zu seinem Essay *On Liberty*.

August Bebel (1840–1913)

Nur wenige Bücher hatten im 19. Jahrhundert so viel Erfolg wie Bebels Buch *Die Frau und der Sozialismus*, das 1878 zum ersten Mal erschien und bis zum Jahr 1909 mehr als fünfzigmal in deutscher Sprache aufgelegt wurde. Dazu kamen Übersetzungen in zahlreichen Sprachen.

Arbeiterinnen, Frauen der Mittelschicht und vielleicht auch einige Adlige lasen das Buch über den Wandel der Frauenrolle von der Urgesellschaft bis zur

bürgerlichen Familie. Zahlreiche persönliche Zeugnisse, z.B. von **Rosa Luxemburg**, **Clara Zetkin**, **Marie Juchacz** und **Ottilie Baader** belegen die nachhaltige Wirkung, die Bebels Buch auf sie selbst und ihre Zeitgenossinnen hatte. Der gelernte Drechslermeister fand neben seiner politischen Arbeit Zeit, sich wissenschaftlich mit der Geschichte der Frauenarbeit, der Geschlechtsverhältnisse, der Prostitution und anderen Fragen der Frauenunterdrückung zu beschäftigen. Obwohl seine Darstellung in vielen Bereichen heute als überholt gelten dürfte, ist seine These, dass die Wurzeln der Unterdrückung von Frauen in ihrer ökonomischen Abhängigkeit von Männern läge, heute noch gültig. Freilich wurde seine Hoffnung, dass eine völlige Gleichberechtigung der Geschlechter in einer sozialistischen Gesellschaft automatisch erfolgen würde, ist von der Geschichte widerlegt. Nicht nur lag die Hauptsorge für Haushalt und Kinder in der Sowjetunion und seinen Satellitenstaaten nach dem Zweiten Weltkrieg weiterhin auf den Schultern der Frauen, sondern sie wurden auch aus der politischen Führung fast vollständig ausgeschlossen.

Dass Bebel sich nicht nur theoretisch, sondern auch in der Praxis für die Gleichberechtigung der Frauen einsetzte, beweisen seine Briefe an seine Frau **Julie** (1843–1910). Im Gegensatz zu den Ehen und Partnerschaften vieler Sozialdemokraten stand für Bebel die Gleichrangigkeit seiner Ehefrau in ihrer Ehe außer Frage.

In seinen Lebenserinnerungen, die er »*an meine liebe Frau*« widmete, ehrte er sie als »*eine Stütze und eine Förderin*« seiner Bestrebungen. Rückblickend auf die gemeinsamen Jahre schrieb er selbstkritisch, dass Julie »*viele schwere Tage, Monate und Jahre zu durchkosten gehabt hatte, bis ihr endlich die Sonne ruhigerer Zeiten schien.*«

Seneca Falls – die Wiege der amerikanischen Frauenbewegung

Am 19. Juli 1848 fand in Seneca Falls, einem kleinen Ort im Bundesstaate New York, etwa 1000 Meilen von der Ostküste entfernt, der erste Frauenrechtskongress in der Geschichte der USA statt. Die Initiatorin dieses Kongresses war **Elisabeth Cady Stanton** (1815–1902), die in ihrer Autobiografie ihre Beweggründe schilderte, die zur Einberufung dieser epochemachenden Konferenz führten:

> *Die allgemeine Unzufriedenheit, die ich über das Dasein der Frau als Ehefrau, Mutter, Haushälterin, Ärztin und Seelentrösterin empfand, das Chaos, in das ohne ihre ständige Überwachung alles gerät, und das müde und bekümmerte Aussehen der meisten Frauen schafften in mir ein starkes Gefühl dafür, dass irgendwelche Aktivitäten ergriffen werden müssten, um das gesellschaftliche Unrecht allgemein und im Hinblick auf die Frauen besonders wieder gutzumachen. Meine Erfahrungen beim Weltkongress gegen die Sklaverei, alles was ich über den Rechtsstatus von Frauen gelesen hatte, und die Unterdrückung, die ich überall sah, jagten mir durch die Seele und gewannen ... durch meine eigenen Erfahrungen an Intensität. Es scheint, als hätten sich alle Elemente verschworen, um mich zu einem Schritt nach vorn zu treiben. Ich konnte noch nicht sehen, was zu tun oder wo zu beginnen war – mein einziger Gedanke war eine öffentliche Diskussion und Protestversammlung.*

Sie setzte ihren Plan zusammen mit anderen Frauen in ihrem damaligen Wohnsitz Seneca Falls konsequent um. In der Folge entstand eine Bewegung, die nicht nur für die amerikanische, sondern auch für die europäischen Frauenbewegungen große Bedeutung hatte.

Elisabeth Cady Stanton, 1815 in der Nähe von Albany im Staat New York geboren, war das achte von elf Kindern des Rechtsanwalts Daniel Cady und seiner Frau

Margaret. Sie besuchte eine private Mädchenschule und begann nach eigener Aussage bereits früh, sich für die Arbeit ihres Vaters zu interessieren. Als junges Mädchen verfolgte sie die Gespräche ihres Vaters mit seinen Klienten, die bei ihm Rat wegen ihren rechtlichen Problemen suchten. Viele von ihnen waren Frauen von Farmern, die sich von ihrem gewalttätigen Ehemann scheiden lassen wollten. Daniel Cady versuchte den notleidenden Frauen zu helfen, was nicht einfach war, da Ehefrauen bei einer Scheidung nach der damaligen Gesetzgebung nicht nur ihr eigenes Vermögen verloren, sondern meistens auch das Sorgerecht für ihre Kinder. Das Schicksal dieser Frauen war eine Hauptmotivation für Elisabeth Cadys späteren Kampf gegen die Rechtlosigkeit von Frauen.

Als junge Frau schloss sich Elisabeth Cady der abolitionistischen Bewegung an, wo sie ihren zukünftigen Gatten, den Journalisten und späteren Rechtsanwalt Henry Stanton kennenlernte. Der Abolitionismus (vom englischen abolition = Abschaffung, Aufhebung) war eine Antisklavenbewegung, die um 1830 in den Nordstaaten der USA immer mehr Anhänger fand. Nach der Heirat im Jahre 1840 reiste das junge Ehepaar nach London, um am Weltkongress für die Abschaffung der Sklaverei teilzunehmen. Obwohl die Führer der amerikanischen Delegation heftig gegen den Ausschluss der Frauen protestierten, entschied die Versammlung, nur männliche Delegierte zu den Verhandlungen zuzulassen. **Lucretia Mott** (1793–1880), eine der sechs weiblichen Delegierten aus Philadelphia, war wegen dieses Beschlusses besonders empört. Sie und ihr Mann gehörten der liberalen Quäkerbewegung an, die Menschenhandel und Sklaverei rigoros ablehnten und Lucretia war eine der wenigen »Predigerinnen«, die mit ihren öffentlichen Auftritten gegen die Sklaverei in Amerika bereits einen Namen hatte. Elisabeth Stanton lernte die berühmte Frau in London kennen und bei gemeinsamen Spaziergängen im Garten des British Museums entstand eine lebenslange Freundschaft und Zusammenarbeit für die Rechte der Frauen.

Nach ihrer Rückkehr aus London lebten die Stantons zuerst in Boston. 1846 zogen sie mit ihrer wachsenden

Kinderschar nach Seneca Falls. Hier, weit weg von den geistigen Zentren der Vereinigten Staaten, war Elisabeth gänzlich isoliert: »*Ich habe damals geistigen Hunger gelitten, und der macht, wie ein leerer Bauch, sehr depressiv*« – schrieb sie später über diese Zeit.

Mit Lucretia Mott hielt sie durch Briefe engen Kontakt und als diese sich im Frühjahr 1848 zum Besuch ihrer Schwester in einem Nachbarort aufhielt, trafen sich die beiden wieder. Zusammen mit gleichgesinnten Frauen diskutierten sie an einem »Mahagony-Tisch« (er steht heute in der Smithsonian Institution in Washington DC) über die Lage der Frauen und beschlossen, einen Kongress zu organisieren, um die Rechte der Frauen zum ersten Mal öffentlich zu diskutieren. Ihren Plan setzten die Frauen gleich in die Tat um und verfassten folgenden Aufruf, der am 14. Juli 1848 im Seneca County Courier erschien:

Frauenrechtskongress – Ein Kongress zur Diskussion über die gesellschaftlichen, bürgerlichen und religiösen Rechte der Frau wird am Mittwoch und Donnerstag, 19. und 20. Juli in der Wesleyan-Kapelle von Seneca Falls abgehalten. Beginn 10 Uhr morgens. Während des ersten Tages wird die Versammlung ausschließlich für Frauen abgehalten werden, die hiermit zur Teilnahme dringlich eingeladen werden. Das allgemeine Publikum wird gebeten, am zweiten Tag anwesend zu sein, wenn Lucretia Mott aus Philadelphia und andere Damen und Herren vor dem Kongreß Ansprachen halten werden.

Wie Elisabeth Stanton in ihren Erinnerungen schreibt, waren sie und ihre Mitstreiterinnen nach Veröffentlichung dieser Einladung über den Ablauf der geplanten Versammlung vorerst ratlos. Lucretia Mott, die erfahrene Rednerin, wusste aus ihrer Erfahrung, dass sie am Ende der Versammlung den Teilnehmerinnen einen Forderungskatalog zur Unterschrift vorlegen müssten, um die Aufmerksamkeit der Öffentlichkeit zu wecken. Es war die Idee von Elisabeth Stanton, den Text dafür nach dem Muster der amerikanischen Unabhängigkeitserklärung zu formulieren und bei jedem der Paragraphen das Wort »Mann« durch »Frau« zu ersetzen. So entstand die berühmte *Declaration of Sentiments* (»Meinungserklärung«), eine Art Grundsatzerklärung der Frauenrechte von Seneca Falls.

Als Elisabeth den Entwurf der Resolution, in der sie auch die Forderung nach dem Wahlrecht für Frauen vorschlug, ihrem Mann vorlas, erklärte Henry Stanton, dass er, sollte diese Resolution dem Kongress vorgelegt werden, mit der ganzen Angelegenheit nichts mehr zu tun haben wolle und die Stadt während der Versammlung verlassen würde. Und das tat er auch.

Berichten zufolge war der 19. Juli 1848 ein schöner Sommertag. Obwohl es Erntezeit war, folgten der Einladung viele Farmerinnen und Farmer aus einem Umkreis von ca. fünfzig Meilen von Seneca Falls. Die Versammlung sollte in der Wesleyan-Kapelle stattfinden. Gleich am Anfang gab es allerdings eine Verwirrung: Die Tür der Kapelle, die normalerweise tagsüber offen war, war diesmal abgeschlossen. Glücklicherweise konnte Elisabeth Stantons Neffe durch ein offenes Fenster geschoben werden, um die Tür von innen zu öffnen.

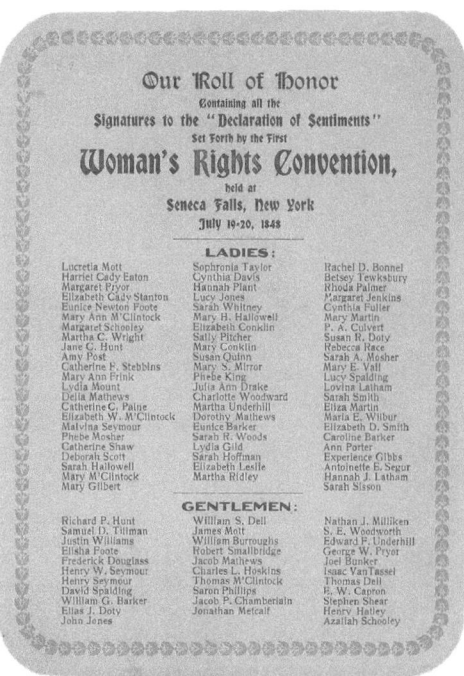

Wir sind über den Verlauf der ersten Frauenversammlung in den Vereinigten Staaten bestens informiert. Nicht nur aus der Autobiographie von Elisabeth Stanton, sondern auch durch andere Frauen, die am Kongress teilnahmen. Viele haben im Laufe ihres Lebens die Erlebnisse an den beiden Versammlungstagen niedergeschrieben. So zum Beispiel **Charlotte Woodward** (1830–1924), die als 18jährige unter den Zuhörerinnen in der Kapelle war, berichtete 60 Jahre später, wie sie sich früh am Morgen des 19. Juli mit mehreren Freundinnen »*in einem von Ackergäulen gezogenen Wagen*« auf den Weg nach Seneca Fall machte. Sie alle hatten Angst, dass sie die einzigen anwesenden Frauen sein könnten. Aber je näher sie der Stadt kamen, desto mehr Wagen waren Richtung Seneca Falls unterwegs. Nach der Ankunft saßen die jungen Frauen zwei Tage lang bis spät abends unter etwa dreihundert Leuten und lauschten gebannt die Reden der Frauen, die später zu den bedeutenden Führerinnen der amerikanischen Frauenbewegung gehören sollten.

Elisabeth Cady Stanton eröffnete ihre Begrüßungsrede mit einem Geständnis:

> *Ich wäre eigentlich viel zu schüchtern, in diesem Moment vor Ihnen aufzutreten, denn ich habe nie zuvor in der Öffentlichkeit gesprochen, wäre ich nicht ermutigt von einem Gefühl von Recht und Pflicht; fühlte ich nicht, dass die Zeit dafür gekommen ist, dass das Unrecht an Frauen der Öffentlichkeit dargelegt wird; glaubte ich nicht, dass die Frau selbst dieses Werk tun muss, denn die Frau allein kann Größe, Tiefe, Länge und Breite ihrer Degradierung verstehen.*

Ihre Rede und auch die von ihren Mitstreiterinnen wurden von den Anwesenden begeistert aufgenommen und am Ende des Kongresses setzten achtundsechzig Frauen und zweiunddreißig Männer ihre Unterschrift unter die Grundsatzerklärung, die sich für die Gleichheit der Geschlechter aussprach und auch die Forderung nach Frauenwahlrecht enthielt. Allerdings wurde der Wunsch nach politischer Partizipation von Frauen von der Presse so scharf attackiert, dass einige ihre Unterschriften später zurückzogen. Fest steht, dass trotz aller Rückschläge, Hindernisse und beißender Kritik von vielen Seiten entstand im Sommer 1848 in Seneca Falls eine Bewegung, die nicht mehr zu stoppen war. Mit der Zeit erschienen Frauen in den

Hörsälen, in Gerichten und als Eigentüme-
rinnen von Geschäften und Firmen. Der Weg
zur politischen Emanzipation der Frauen war
allerdings lang: Charlotte Woodward war die
einzige Teilnehmerin der Seneca-Fall-Kon-
ferenz, die die Einführung des Frauenwahl-
rechts in den Vereinigten Staaten von Amerika (1920) erlebte, als sie mit 91 Jahren an der
Präsidentenwahl teilnahm. Mehr als 70 Jahre
dauerte es also, bis der Traum von Elisabeth
Cady Stanton und ihren Mitstreiterinnen
wahr wurde.

In der Rotunde des US-Kapitols befindet
sich heute ein Denkmal mit Portraits von Elisabeth Cady
Stanton und Lucrezia Mott, ergänzt mit dem Portrait ihrer
jüngeren Mitstreiterin Susan B. Anthony.

Demonstration für das Frauenwahlrecht in den USA um 1900

Frauen in der ungarischen Revolution von 1848/49

Über die Geschichte der Revolutionen und Freiheitskämpfe der Jahre 1848/ 49 gibt es eine umfangreiche Literatur und die Ereignisse dieser Zeit gehören in fast allen europäischen Ländern zum Schulwissen. An den Hauptorten der Revolutionen (Paris, Rom, Berlin, Wien, Budapest) sind zahlreiche Straßen und Plätze nach den Helden der damaligen Zeit benannt. Diese Erinnerungskultur ist jedoch fast ausschließlich männlich konnotiert. Das gilt auch für Denkmäler und Gedenktafeln. Es ist deshalb berechtigt, die Frage zu stellen: Gab es denn keine Frauen, die in den Revolutionen und Freiheitskämpfen der Jahre 1848/49 aktiv teilnahmen?

Wurde Geschichte damals nur von Männern geschrieben?

Viele Historikerinnen und einige Historiker der Gegenwart sagen heute: nein, so war es nicht! Wenn man sich die Mühe macht, zeitgenössische Berichte, Akten, Briefe und Erzählungen in öffentlichen oder privaten Archiven zu studieren, kommen eine Menge Zeugnisse über Frauen zum Vorschein, die für Freiheitsrechte mit und ohne Waffen kämpften und nach der Niederschlagung der revolutionären Bewegungen für ihre Taten mit Gefängnis, Exil oder sogar mit dem Tod büßen mussten. Zum Beispiel in Deutschland: Während der Debatten in der Nationalversammlung, die seit April 1848 in der Paulskirche in Frankfurt tagte, saßen etwa 200 Frauen auf der Galerie und verfolgten die Reden der ersten vom Volk gewählten Abgeordneten. Unter ihnen war vermutlich auch die Darmstädter Journalistin und Radikaldemokratin **Luise Dittmar** (1807–1884), die schwer enttäuscht war, als sich nicht mal die linksliberalen Abgeordneten der Versammlung für die Rechte der Frauen einsetzten. Viele ihrer Zeitgenossinnen hatten sich mit der Rolle der bloßen Beobachterin nicht zufriedengegeben und nahmen am Kampf für Freiheit und Gleichheit aktiv teil. Hatten sie zunächst noch Fahnen und Transparente genäht und bestickt, schwarz-rot-goldene

Banner und Kränze angefertigt, so halfen sie später auch beim Bau der Barrikaden und manche griffen selbst zu den Waffen. Unter ihnen waren **Emma Herwegh** (1817–1904), **Amalie Struwe** (1824- 1862) und **Mathilde Franziska Anneke** (1817–1884), um nur die bekanntesten Namen zu nennen. Alle drei teilten das Schicksal ihrer Ehemänner und Mitstreiter nach dem Sieg der Reaktion und flüchteten vor der drohenden Verhaftung in die Schweiz, nach London oder nach Amerika.

Auch in vielen anderen Ländern gab es Frauen, die 1848 ihr »trautes Heim« verließen, um für Freiheit und Gleichheit zu kämpfen. Ich möchte hier einige Ungarinnen vorstellen, die aktiv an den Kämpfen für die Unabhängigkeit ihres Landes teilnahmen.

Vorab einige Worte zur ungarischen Geschichte zu dieser Zeit: Die Ideen der Februarrevolution 1848 in Paris gegen die absolutistische Fürstenherrschaft verbreiteten sich in Windeseile in Europa und erreichten bereits Anfang März auch die Landesversammlung des Vielvölkerstaats, die unter der Hoheit der Habsburger in Preßburg tagte. Am 3. März hielt **Lajos Kossuth** (1802–1894), der Anführer der oppositionellen Bewegung in Preßburg eine Rede, in der er die Neuordnung des politischen Systems der Habsburgischen Monarchie forderte. Seine Rede wurde als Flugblatt schnell verbreitet, so auch in Wien, wo sich die revolutionäre Jugend am 13. März Kossuths wichtigsten Forderungen zu eigen machte und mit dem Flugblatt in der Hand den Regierungssitz stürmte. Der verhasste Kanzler Metternich verließ darauf fluchtartig Wien und floh nach London. Bereits zu dieser Zeit war Kossuths Name in aller Munde. Während er mit seinen Mitstreitern von Preßburg aus nach Wien zu Verhandlungen per Schiff auf der Donau unterwegs war, brach am 15. März die Revolution in der ungarischen Hauptstadt Pest-Buda aus. Die Helden dieses Tages waren junge Literaten: allen voran **Sándor Petőfi** (1823–1849), **Mór Jókai** (1829–1904) und **Pál Vasvári** (1826–1849), die die legendären 12 Punkte von der Treppe des Nationalmuseums aus verkündeten und sie als Flugblatt in der Stadt und über ihren Grenzen hinaus verteilten. Ihre wichtigsten Forderungen waren: Einführung der Presse- und Meinungsfreiheit, die Abschaffung der Zensur, die Freilassung von politischen Gefangenen und die Schaffung einer nationalen Armee. Nach anfänglichen Erfolgen der revolutionären Bewegung scheiterten die Verhandlungen zwischen den Anführern der Reformbewegung und der Wiener Regierung und Ende 1848 kam zu einer militärischen Auseinandersetzung zwischen Ungarn und Österreich. Der blutige Kampf für die Unabhängigkeit des Landes dauerte bis Sommer 1849 und endete mit dem Sieg der Habsburger, die von der Armee des zaristischen Russlands unterstützt wurden.

Unter den Freiheitskämpfern waren nachweislich auch viele Frauen. Einige von ihnen sollen hier vorgestellt werden.

Blanka Teleki (1806–1862)

Die berühmten 12 Punkte von Petöfi und seiner Mitstreiter im März 1848 wurden auch von den Lehrerinnen und Schülerinnen der Höheren Mädchenschule in Pest unterstützt, die den Anführern der Revolution zuriefen, in ihrem Kampf für Freiheit und Gleichheit die Rechte der Frauen nicht zu vergessen. Gründerin und Leiterin dieser Schule war Blanka Teleki, eine der wichtigsten Wegbereiterinnen einer fortschrittlichen Mädchen- und Frauenbildung in Ungarn. Sie stammte aus einer berühmten reformfreudigen adligen Familie, die ursprünglich in Siebenbürgen ansässig war. Ihre Tante **Therese Brunszvik** (1775 – 1861) gehört zu den Pionierinnen der Kindergartenbewegung nicht nur in Ungarn, sondern in ganz Europa. Blanka Teleki war ursprünglich Malerin und Bildhauerin, sie studierte bei dem berühmten Bildhauer István Ferenczy in Buda und später in Paris. 1846 eröffnete sie ihre Schule, wo die jungen Frauen von fortschrittlichen Lehrern und Lehrerinnen unterrichtet wurden. Zum Lehrplan gehörten auch Geschichte, Geografie und Naturlehre, was zu dieser Zeit ungewöhnlich für eine Mädchenschule in Ungarn war.

Blanka Teleki gehörte von Anfang an zu den Unterstützerinnen des ungarischen Freiheitskampfes für die Unabhängigkeit des Landes. Nachdem die Schule geschlossen wurde, folgte sie zusammen mit ihrer Kollegin und Freundin **Klára Löwey** (1821- 1897) der flüchtenden ungarische Revolutionsregierung nach Debrecen, Nagyvárad und schließlich nach Szeged. Dort erreichte sie im September 1849 die Nachricht über die endgültige Niederlage der ungarischen Armee. In der folgenden Zeit half sie bei der Flucht prominenter Anführer des Freiheitskrieges, organisierte Verstecke und falsche Papiere. Nachdem in Wien ihre Korrespondenz in die Hände der Polizei geriet, wurden sie und Klára Löwey verhaftet und 1853 vor ein Militärgericht gestellt. Blanka wurde zu zehn, Klára zu fünf Jahren Festungshaft verurteilt. Mehrere Jahre verbrachten die beiden Frauen in dem berüchtigten österreichischen Burggefängnis von Kufstein. Dort ist heute ein Museum eingerichtet und man kann die Zelle von Blanka und Klára besichtigen. Eine Gedenktafel informiert die Besucherinnen über die Haftzeit der Frauen:

> *Zu Beginn ihrer Gefangenschaft erhielten die beiden Frauen einige Hafterleichterungen, wie eigenes Bettzeug, Bücher, Schreib- und Zeichenmaterial. Die größte Erleichterung war für die Gefangenen ein täglicher zweistündiger Spaziergang im Burghof. Bald trat jedoch das Kriegsgesetz wiederum voll in Kraft und jegliche Art von Geldeinfuhr wurde verboten: Es wurden keine Bücher und Schreibmaterial mehr erlaubt, auch keine Handarbeiten und die Spaziergänge wurden eingestellt.*

Klára Löwey kam im Sommer 1856 frei, Blanka Teleki ein Jahr später mit der Auflage, nicht mehr nach Ungarn zurückzukehren. Sie zog nach Paris, wo ihre Schwester Emma lebte. Im Wohnhaus der Schwester in der Rue Vaugirard in Paris trafen sich viele Revolutionsflüchtlinge und andere Emigranten. Blanka Teleki starb dort im Oktober 1862. Seit 2006 ist an der Wand des Hauses eine Gedenktafel zur Erinnerung an die Teleki-Schwester angebracht. In Ungarn selbst tragen mehrere Schulen den Namen von Blanka Teleki und Klára Löwey, ganz vergessen wurden die beiden also nicht.

Zsuzsanna Kossuth (1817–1854)

Während im 19. Jahrhundert überall von der Türkei bis in die Vereinigten Staaten fast jeder den Namen Lajos Kossuth kannte, ist der Name seiner jüngeren Schwester Zsuzsanna fast vollkommen in Vergessenheit geraten. Während des ungarischen Freiheitskampfes war sie jedoch eine bekannte Person. Sie engagierte sich bereits seit Anfang der 1840er Jahre für die Verbesserung des Gesundheitswesens in Ungarn und war eine der engsten Mitarbeiterinnen ihres Bruders bei der Herausgabe seiner Reformzeitschrift. In dem ungarischen Freiheitskrieg von 1848/49 organisierte sie die Versorgung von Verwundeten und Kranken als »Oberschwester« des Gesundheitswesens und gründete nach dem Ausbruch der Kämpfe innerhalb kurzer Zeit 70 Lazarette und Krankenhäuser. Dort wurden Kriegsgefangene genauso behandelt wie die eigenen Leute. Während der Flucht nach der Niederlage starb ihr kleiner Sohn und sie wurde von der zaristischen Armee gefangen genommen. Da mehrere österreichische Offiziere vor dem Kriegsgericht Zsuzsannas Hilfsbereitschaft auch den Feinden gegenüber bestätigten, wurde sie freigesprochen und vorerst freigelassen. Zwei Jahre später im Zuge des Wiener Rachefeldzugs wurde sie wegen angeblicher Verschwörung gegen den Staat wieder festgenommen und aus Ungarn ausgewiesen. Sie ging mit ihrer Mutter und den Kindern nach Brüssel, wo sie ihre Familie mit der Herstellung von Spitzen unterhielt. Der Arm der Wiener Regierung war jedoch lang, und die belgische Regierung wies sie aus dem Land. Sie wanderte mit ihren Kindern nach Amerika aus. Dort starb sie 1854 im Alter von nur 37 Jahren.

Julia Bányai (1824–1883)

hieß eine Kämpferin, die in Männerkleidung mit den Papieren ihres verstorbenen Mannes in den Kampf zog. Die im
Jahre 1824 geborene Kunstreiterin hielt
sich gerade in Wien auf, als die revolutionäre Welle die Hauptstadt der Habsburgermonarchie erreichte. Nach dem
Ausbruch der Kriegshandlungen mel-
dete sie sich unter dem Namen ihres
verstorbenen Mannes, Endre Sárossy, als Freiwillige bei
der Division der ungarischen Armee in Nordsiebenbür-
gen, die unter dem Kommando des legendären, aus Polen
stammenden Generals Bem stand. Offenbar hatte sie sich
auf dem Schlachtfeld so ausgezeichnet, dass sie bereits
im Februar 1849 zum Hauptmann befördert wurde. In den
Akten wird über mehrere Heldentaten unter ihrer Führung berichtet, so hielt sie zum Beispiel einmal 12 Pferde-
wagen mit Lebensmittel auf, die den feindlichen Gruppen
Nachschub brachten, auch entlarvte sie einen österreichischen Spion in der eigenen Truppe. Trotz mehrmaliger
Verletzung kämpfte sie weiter. Spätestens seit dieser Zeit
war ihren Vorgesetzten bekannt, dass der junge Offizier
in Wahrheit eine Frau war. Sie wurde nämlich als Kund-
schafterin mehrmals in die feindlichen Lager geschickt,
wo sie als Tänzerin aus Frankreich auftrat. Geschickt sammelte sie dort Informationen über das Kriegsmanöver der
Feinde, die sie an die eigenen Soldaten weiterleitete. Nach
der Niederlage der ungarischen Truppen flüchtete Julia
Bányai über Bukarest in die Türkei, wo sich bald mehr als
5000 Revolutionsflüchtlinge versammelten. Während der
prominenteste Flüchtling Kossuth und seine engsten Mitarbeiter bald nach England ausreisen durften, schlossen
sich viele Ungarn dem Kriegshelden General Bem an, der
in weiteren kriegerischen Auseinandersetzungen auf der
Seite der Türkei kämpfte.

Julia Bányai wollte sich mit der Niederlage der ungarischen Revolutionsarmee nicht abfinden. Sie fuhr mehrmals heimlich nach Ungarn und verteilte Flugblätter mit
Aufruf zum Widerstand. Nach ihrer Heirat mit einem

ungarischen Leutnant verließ sie mit ihrem Mann jedoch bald die Türkei in Richtung Ägypten. In Kairo gründete das Ehepaar ein ungarisches Restaurant mit dem Namen *Zum Pharao*, das zu einem beliebten Aufenthaltsort für Flüchtlinge und Reisende aus Europa wurde. 1866 besuchte Julia Matta, geborene Bányai mit ihrer Tochter nochmals ihren Heimatort in Siebenbürgen. Sie starb 1883 in ihrem 59. Lebensjahr in Kairo. Ihr Ehemann Endre Matta kehrte nach dem Tod seiner Frau nach Ungarn zurück, wo er um 1900 starb.

Maria Lebstück (1830–1892)

Nicht weniger abenteuerlich war das Leben von **Maria Lebstück**, die 1830 in Zagreb geboren wurde. Mit 13 Jahren kam sie nach Wien zu ihrem Onkel, der ein hochrangiger Militär war. Mit 17 Jahren begrüßte sie die Märzrevolution in Wien. Im Oktober nahm sie in Männerkleidung unter dem Namen Karl Lebstück an der zweiten Wiener Revolution teil. Nach der blutigen Niederschlagung flüchtete sie nach Ungarn und schloss sich der deutschen Division und später den Tiroler Jägern an, die mit vielen anderen Nationalitäten zusammen für die Unabhängigkeit von Ungarn kämpften. Maria Lebstück zeichnete sich durch großen Mut aus und wurde bald zum Oberleutnant ernannt.

Im Sommer 1849 lernte sie während der Kämpfe vor Buda ihren Mann kennen und sie hatten im Juli offenbar auch Zeit, die Ehe zu schließen. Nach der Niederlage des ungarischen Freiheitskampfes wurde die schwangere Maria im Siebenbürgen gefangen genommen und ins Gefängnis gesperrt, wo sie ihren Sohn zur Welt brachte. Ihr Ehemann Jozsef Jonák wurde zu 16 Jahren Gefängnishaft verurteilt und starb im Gefängnis, ohne je seine Frau und seinen Sohn wiedergesehen zu haben. Durch die Fürsprache ihrer einflussreichen Verwandtschaft in Wien kam Maria zusammen mit ihrem Sohn Anfang 1850 frei. Sie durfte jedoch weder nach Ungarn noch nach Österreich zurückkehren. Deshalb ging sie in ihr Heimat-

land Kroatien zurück, wo sie nochmals heiratete. Nachdem Tod ihres
zweiten Mannes arbeitete sie als Wä-
scherin. Ihre letzten Lebensjahre verbrachte sie bei ihrem Sohn in Újpest
(heute 4. Bezirk von Budapest), wo sie
1892 starb. In Újpest ist eine Straße
nach ihr benannt.

Noch zu ihren Lebzeiten hat Maria
Lebstücks Geschichte den berühmten ungarischen
Schriftsteller und ehemaligen Revolutionär, Mór Jókai zu
einer Erzählung inspiriert. Aus dieser Erzählung entstand
mit der Komposition von Jenö Huszka später die Operette
»Oberleutnant Maria«, die 1942 in Budapest uraufgeführt
wurde und seitdem immer wieder auf dem Spielplan des
Budapester Operettentheaters steht.

Paulina Pfiffner (1825 – 1853)

Das Schicksal der Schauspielerin **Paulina
Pfiffner**, die im Kampf der Ungarn für Unabhängigkeit aktiv mit Waffe in der Hand teilnahm, ist
nach der Niederlage ähnlich traurig wie das von
vielen anderen Freiheitskämpfern und Kämpfe-
rinnen. Die Abstammung von Paulina zeigt auch,
welcher Völkermix damals für die Freiheit in
Ungarn kämpfte: Ihr Vater stammte aus Italien
und ihre Mutter aus Polen. 1849 schloss sie sich
in Männerkleidung an die Revolutionsarmee an.
Es ist bezeugt, dass sie in den Kämpfen mehrmals
verwundet wurde. Für ihre Heldentaten wurde
sie wie Julia Bányai und Maria Lebstück zum Of-

fizier ernannt. Nach der Niederlage versteckte sie sich bei
Verwandten, wurde jedoch entdeckt und in der südunga-
rischen Stadt Gyula verhaftet. Im dortigen Gefängnis be-
ging sie Selbstmord. 1888 wurde ihr dort mit Spenden aus
der Bevölkerung ein schönes Grabmal errichtet, das auch
heute noch steht.

Die ungarische Geschichtsschreibung zählt etwa 100 Frauen auf, die im ungarischen Freiheitskampf der Jahre 1848/49 mit Waffen in der Hand gekämpft hatten. Weder sie noch viele weitere Frauen, die auf anderer Art den Kampf unterstützten, wurden von den Siegern nach der Niederlage geschont: Wer Glück hatte, konnte fliehen, die weniger Glücklichen wurden eingesperrt und gequält. Welche Art von Folter sie erleiden mussten, wissen wir nicht im Einzelfall, aber man braucht nicht viel Fantasie zu haben, sich vorzustellen, was Frauen überall in Gefängnissen damals (wie heute auch noch in vielen Ländern) erleiden mussten.

Eine schändliche Tat der Sieger wurde jedoch in ganz Europa bekannt: Nachdem die siegreiche kaiserliche Armee in die ungarische Stadt Ruszkabánya einmarschierte, wurde die Ehefrau des Ingenieurs Maderspach wegen ihrer Unterstützung der Freiheitskämpfer auf den Befehl des blutrünstigen Generals Haynau nackt ausgezogen und auf dem Marktplatz der Stadt öffentlich ausgepeitscht. Ihr Mann hat nach dieser Schandtat aus Scham Selbstmord begangen.

Den Witwen der 13 ungarischen Generäle, die am 6. Oktober 1849 in der siebenbürgischen Stadt Arad hingerichtet wurden, haben die Sieger zwar freies Geleit zugesichert, sie mussten jedoch in den folgenden Jahren viel Leid ertragen. **Emilia Csernovics** (1819–1909), die ihren Mann, den berühmten General **János Damjanich**, erst im August 1847 in Arad geheiratet hatte, betreute ihren Mann im Gefängnis bis zu seiner Hinrichtung. 1861 gründete sie einen Frauenverein mit der Aufgabe, die Hinterbliebenen der Freiheitshelden zu unterstützen. Ihre Mitstreiterin in diesem Verein war **Antonia Zichy**, die Witwe des Ministerpräsidenten der Revolutionsregierung **Lajos Batthyány**, der auch zu den Hingerichteten gehörte. An die Generäle des Freiheitskampfes erinnern heute zahlreiche Denkmäler in Ungarn und Rumänien, die Namen ihrer Mitstreiterinnen sind meistens vergessen.

1850 erschien in London ein zweibändiges Werk mit dem Titel: *Memoirs of a Hungarian Lady* und noch im selben Jahr in Leipzig auch eine deutsche Übersetzung des

Buches mit dem Titel: *Aus dem Tagebuch einer ungarischen Dame*. Autorin des Buches war **Terézia Pulszky** (1819–1866), eine aus einer vornehmen Wiener Familie stammende, außergewöhnlich gebildete Frau. Sie hatte 1845 den ungarischen Reformpolitiker Ferenc Pulszky geheiratet und war wie er eine glühende Anhängerin des Freiheitskampfes der Ungarn. Ende 1848 schickte Kossuth seinen engsten Mitarbeiter Pulszky nach England, um eine Intervention der englischen Regierung zugunsten der ungarischen Revolution zu erreichen. Die Verhandlungen zogen sich hin und Pulszkys Mission hatte keinen Erfolg. Nach der Niederlage des Freiheitskrieges flüchtete Terézia Pulszky auf abenteuerlichen Wegen durch

Europa nach England zu ihrem Mann. Ihr Londoner Haus wurde in den folgenden Jahren zum Zentrum sowohl der ungarischen als auch der deutschen Emigration. Zu ihrem Freundeskreis gehörte auch **Malwida von Meysenbug** (1816–1903), eine Anhängerin der 1848er Revolution in Deutschland, die 1852 vor der drohenden Verhaftung aus Hamburg nach London flüchtete, wo sie viele Exilpolitiker kennenlernte. In ihren berühmten *Memoiren einer Idealistin* (Deutsche Erstausgabe 1876) schildert sie diese Zeit ausführlich.

Zusammenfassend kann man sagen, dass am ungarischen Freiheitskampf nicht nur Männer, sondern auch zahlreiche Frauen aktiv teilgenommen haben, deren Namen zu ihren Lebzeiten und kurze Zeit danach bekannt waren. Da die Geschichtswissenschaft und auch die für Denkmäler und Straßenbenennungen zuständigen Behörden jahrhundertelang eine männliche Sicht auf die Vergangenheit hatten, gerieten diese Frauen wie viele anderen »Heldinnen« der Vergangenheit in Vergessenheit. Dank der Frauengeschichtsforschung der letzten Jahrzehnte wird überall auf der Welt immer deutlicher, dass nicht nur Männer, sondern auch Frauen die Geschichte ihrer Länder mitgestaltet haben.

Über die Entwicklung der Frauenerwerbsarbeit

Was für unsere Gegenwart selbstverständlich ist Frauen auf allen Ebenen des Berufslebens anzutreffen war vor 150 Jahren eine Ausnahme. Gewiss waren Frauen zu allen Zeiten erwerbstätig: Ehefrauen und Töchter von Handwerkern im Hausbetrieb, Marktfrauen und Händlerinnen auf öffentlichen Plätzen, Dienstmädchen, Wäscherinnen und Köchinnen in adligen und großbürgerlichen Haushalten. Wandernd von Ort zu Ort verdienten Frauen Jahrhunderte lang ihren Lebensunterhalt auch als Botinnen, Schauspielerinnen oder Zirkusartistinnen. Allen erwerbstätigen Frauen in der vorindustriellen Zeit war jedoch gemeinsam, dass sie, von wenigen Ausnahmen abgesehen, keine schulische, keine spezielle Ausbildung für ihre Arbeit hatten.

Für eine bessere Schulbildung und Ausbildung für qualifizierte Berufe für Mädchen und Frauen kämpften die ersten Frauenrechtlerinnen, unter ihnen auch die Darmstädterin **Luise Büchner** (1821–1877). Sie hatte am eigenen Leib erfahren, was es bedeutet, als Mädchen geboren zu sein. Während ihre Brüder das Darmstädter Gymnasium und anschließend die Universität besuchten, erhielt die hochbegabte Tochter des Medizinalrats Ernst Büchner und seiner Frau Caroline einen nur bis zu ihrem 14. Lebensjahr dauernden dürftigen Schulunterricht. Sie konnte sich zwar autodidaktisch im Laufe ihres Lebens ein enormes Wissen aneignen und als Schriftstellerin und Journalistin tätig werden, blieb jedoch zusammen mit ihrer älteren Schwester Mathilde, unverheiratet wie sie, von ihren Eltern und nach deren Tod von ihren Brüdern finanziell abhängig. Ähnliches Schicksal teilten Mitte des 19. Jahrhunderts abertausende ledige oder verwitwete Frauen.

Aus dieser Erfahrung heraus veröffentlichte Luise Büchner 1855 ihr viel beachtetes Buch, *Die Frauen und ihr Beruf – Ein Buch der weiblichen Erziehung* in dem sie eine gleichwertige Schulbildung von Mädchen und Jungen und bessere, von Frauen geleitete Mädchenschulen forderte, in denen neben Vermittlung eines hochwertigen Allgemeinwissens auch Vorbereitungskurse für eine praktische Tätigkeit stattfinden sollten. Nach Abschluss der Schule sollten Mädchen vorerst in Berufen weitergebildet werden, die dem Alltagsleben von Frauen am nächsten standen. In einem Zeitalter, in dem alles, von der Bettwäsche bis zur Kleidung, mit der Hand genäht wurde, sah sie in dem Beruf einer gut ausgebildeten Näherin und Schneiderin eine lohnende Erwerbsarbeit. Frauen sollten nach ihrer Meinung fortan nicht nur für den Eigenbedarf in der Familie Gebrauchsgegenstände produzieren, sondern auch für den Markt für einen angemessenen Lohn. Diese Forderung war fast revolutionär, da nach dem Sittenkodex der Biedermeierzeit eine bürgerliche Frau eher an Hunger sterben sollte als für Geld zu arbeiten. Diese Einstellung war so tief verwurzelt, dass sie bis weit ins 20. Jahrhundert hinein fortdauerte.

Luise Büchners Appell für eine bessere Mädchenbildung als Voraussetzung für ökonomische Selbstständigkeit des weiblichen Geschlechts kam zur richtigen Zeit. Es wurde Jahr zu Jahr offenkundiger, dass die Ehe als Versorgungsinstitution für Töchter des Bürgertums ausgedient hatte. Dies hatte mehrere Ursachen, eine davon war, dass immer mehr Männer wegen Armut und Arbeitslosigkeit vor der Gründung einer Familie zurückschreckten. Auch setzte in der Mitte des 19. Jahrhundert eine Massenauswanderung junger Männer vor allem nach Amerika ein, was die Zahl der potenziellen Heiratskandidaten für gleichaltrige Frauen schmälerte.

Als Reaktion auf diesen gesellschaftlichen Wandel entstanden in den 1860er Jahren vielerorts Vereine mit dem Ziel, das Recht der Frau auf Berufsbildung und Erwerbsarbeit zu erkämpfen. 1865 gründeten **Louise Otto-Peters** (1819–1895) und **Auguste Schmidt** (1833–1902) in Leipzig die erste bedeutende überregionale Frauenorganisation in Deutschland, den *Allgemeinen Deutschen Frauenverein* und zwei Jahre später entstand in Berlin der erste *Frauenbildungs- und -Erwerbsverein* in Preußen, gegründet von dem liberalen Abgeordneten **Adolf Lette**. Diesen Beispielen folgend riefen Frauen an vielen Orten in Deutschland Vereine ins Leben, um die allgemeine und praktische Ausbildung von Mädchen und Frauen zu fördern. Ihre Losung hieß

»Arbeit für Alle!«

 In Darmstadt gründete Erbprinzessin **Alice von Hessen** (1843–1878) 1867 mit ihren bürgerlichen Mitstreiterinnen gleich zwei Frauenvereine, den *Frauenverein für Krankenpflege* und den *Verein zur Förderung weiblicher Industrie*, den späteren *Alice Verein für Frauenbildung und Erwerb*. Der Frauenverein für Krankenpflege bildete professionelle Krankenschwestern und Pflegekräfte ohne konfessionelle Bindung aus. Der zweite Verein, dessen Vizepräsidentin Luise Büchner war, richtete eine Fachschule für Mädchen ein, in der diese zu Schneiderinnen, Handarbeitslehrerinnen oder Kopistinnen ausgebildet wurden. Das Unterrichtsprogramm der Schule wurde Jahr für Jahr mit neuen Lehrgängen erweitert. Beide Vereine schlossen sich an den im Jahre 1869 gegründeten Lette-Verband an, um ihren Forderungen mehr Gewicht zu verleihen.

Arbeiter und Angestellten des männlichen Geschlechts waren mit dem Eintritt von Frauen in das Erwerbsleben meistens nicht einverstanden. So protestierte zum Beispiel der *Verein der Buchdrucker-Gehülfen* in Darmstadt gegen die Ausbildung von Mädchen zu Schriftsetzerinnen. Am 30. September 1865 veröffentlichte der Verein einen Aufruf in der *Darmstädter Zeitung* gegen die Einstellung von Frauen in den Druckereien. Die Männer hatten nicht nur die berechtigte Angst wegen Lohndrückerei, da Frauen von den Arbeitgebern stets geringer als Männer entlohnt wurden, sondern sie sahen auch die Sittlichkeit in Gefahr, wenn Frauen und Männer in einem gemeinsamen Raum arbeiteten. Dieses Argument tauchte in den nachfolgenden Jahren immer wieder auf, wenn Frauen einen sogenannten Männerberuf erlernen oder an den Universitäten studieren wollten. Man war nämlich die Ansicht, die Anwesenheit von Frauen würde Männer von der Arbeit oder vom Studium ablenken.

Trotz anhaltender Widerstände unterstützten immer mehr Eltern die Aus- und Weiterbildung ihrer Töchter. In ihrem Berufsratgeber zählte Luise Büchner 1872 bereits eine breite Palette von Berufen auf, die für Mädchen offenstanden. Sie schilderte Vorteile und Nachteile der einzelnen Berufe, die Länge der Ausbildung und auch die übliche Bezahlung. Auch das noch heute vehement diskutierte Thema über die Vereinbarkeit von Beruf und Familie wurde von Luise Büchner aufge-

griffen. In einem Artikel in der Zeitschrift des Letteverbandes (*Der Frauenanwalt*, Nr. 1/1876) beschrieb sie das harmonische Zusammenleben des Züricher Akademikerehepaares Heim-Vögtlin: Er, Professor für Geologie, sie, die erste promovierte Ärztin der Schweiz. Bei ihrem Besuch im Sommer 1875 bewunderte Luise Büchner den großen Schreibtisch im Haus des Ehepaares, der *»dazu eingerichtet ist, dass zwei Studierende daran bequem nebeneinander Platz haben«.* Und weiter: *»Es war mir dieser Tisch ein Symbol, ein erstes sichtbares Zeichen dafür, wie Mann und Frau geistig ebenbürtig nebeneinander schaffen und wirken können.«*

Wie stark die Ablehnung dieser Art des Familienlebens vor allem in Deutschland war, war der Darmstädter Frauenrechtlerin wohl bewusst: *»Aber der Haushalt, aber die Kinder! So höre ich manche Leserin entsetzt ausrufen«,* schreibt sie in ihrem Artikel und teilt gleich die Lösung dieser Probleme ihrer Leserinnen mit: *»Über den ersteren kann man sich beruhigen; es gibt in der Schweiz noch bessere Mägde, als bei uns, wie sich dort überhaupt die Frauen nicht so eingehend mit den Details des*

Haushaltes beschäftigen, als die deutschen«. Und über die Kindererziehung meint sie: *»Ich hege die feste Überzeugung, dass solche [berufstätige] Frauen in leiblicher wie in geistiger Hinsicht ihre Kinder von vornherein so rationell zu behandeln wissen werden, dass zwei Stunden ihrer Gegenwart am Tage denselben besser nützen, als die stete Gegenwart einer Mutter, die ihre Kinder weder zu pflegen noch zu erziehen versteht.«* Eine Einstellung zur Kindererziehung im Jahre 1876, die heute noch von manchen Müttern und Vätern abgelehnt wird!

Im Herbst 1872 fand die erste Generalversammlung der deutschen Frauenbildung- und Erwerbsvereine in Darmstadt statt. Auf dieser Versammlung nahmen nicht nur Delegierte aus verschiedenen deutschen Städten von Breslau bis Karlsruhe teil, sondern auch Vereinsvertreterinnen aus England, die über ihre Erfahrungen in der Bildungs- und Sozialarbeit in ihrem Heimatland berichteten. Aus anderen Ländern trafen Telegramme und Briefe ein. So zum Beispiel aus Genf von der l'Association Internationale des Femmes, deren Vorstand den Teilnehmerinnen der Konferenz zurief: *»Courage donc! Ne nous laissons pas détourner du but que nous voulons attendre! Prouvons que la sagesse de vos décision marque une fois de plus que la femme est digne d'obtenir les droits qu'elle revendique.«*

An der Darmstädter Konferenz wurde vor allem über die Zulassung von Frauen als Telegrafistinnen, Post- und Eisenbahnbeamtinnen sowie Bürokräfte in der öffentlichen Verwaltung diskutiert. Diese Diskussion war hochaktuell, da infolge der rasanten technischen Entwicklung viele neue Arbeitsplätze bei der Post, in den Eisenbahngesellschaften und in privaten wie öffentlichen Unternehmen entstanden, die gut ausgebildete Angestellte für ihren Betrieb und die Verwaltung brauchte. Viele der

Mädchen, die einen mittleren Schulabschluss absolviert hatten, lernten Stenografie und andere Büroarbeiten und da Frauen in allen Bereichen der Erwerbsarbeit schlechter bezahlt wurden als Männer, hatten sie jetzt aus betriebswirtschaftlichen Gründen bessere Chancen eingestellt zu werden als Männer.

Anfang des 20. Jahrhunderts gewann bei jungen Mädchen der Beruf der Sekretärin wachsende Beliebtheit und es war keine Seltenheit mehr, dass Frauen auch nach ihrer Heirat berufstätig blieben und sich mit ihrem Unternehmen und ihrer Arbeit identifizierten. Um mehr Nachdruck für ihre Bezahlung zu verleihen, entstanden um 1900 vielerorts weibliche Berufsorganisationen. Das Darmstädter Adressbuch von 1905 listet mehrere Zusammenschlüsse von Stenografistinnen, sowie einen mitgliederstarken Zweigverein des überregionalen Kaufmännischen Vereins weiblicher Angestellten auf.

In der Geschichte der Erwerbstätigkeit von Frauen gab es allerdings immer wieder auch Rückschläge: Während des Ersten Weltkrieges arbeiteten zum Beispiel zahlreiche Frauen in sogenannten Männerberufen. Viele von ihnen mussten nach dem Krieg auf öffentlichen Druck ins Haus oder in schlecht bezahlte Berufe zurückkehren. Auch galt für Frauen die Zölibatsregelung während der Weimarer Republik, wonach Beamtinnen nach der Heirat den Dienst quittieren mussten. Diese Regelung galt in einigen deutschen Ländern auch nach dem Zweiten Weltkrieg noch einige Jahre lang!

Im 21. Jahrhundert führt kein Weg mehr an der Erwerbstätigkeit der Frauen vorbei. Trotz hartnäckiger Widerstände konservativer Politikerinnen und Politiker ist endlich auch der deutsche Staat dabei, Krippen und Kindergärten, Ganztagsschulen und Ferienbetreuung auszubauen, um den strukturellen Rahmen für die Vereinbarung von Familie und Beruf zu schaffen. Erwerbstätigkeit sollte jedoch nicht nur aus finanziellem Zwang, sondern vor allem auch als Freude an einer Aufgabe außerhalb der Familie sein. Kindererziehung in modernen Gesellschaften beansprucht nur eine relativ kurze Epoche im Leben der

Eltern und eine Familie wird garantiert glücklicher, wenn sich Mutter und Vater nicht ständig über das Glück ihrer Kinder nachdenken, sondern auch über das eigene Glück und die eigene Zufriedenheit.

Die Berufsschule des Berliner Lettevereins um 1900

Frauen unterwegs

Vor dem industriellen Zeitalter war das Reisen in fremde Länder ein Privileg von Männern, die aus ihren Heimatorten aufbrachen, um Arbeit zu suchen, Geschäfte zu machen, fremde Städte und Landschaften kennen zu lernen oder Kriege zu führen. Zur Ausbildung eines Handwerkes gehörte nach der Gesellenprüfung meistens auch eine mehrjährige Wanderschaft, um Erfahrungen an anderen Orten und

Regionen zu sammeln. Frauen auf dem Land und in den Städten hüteten das Haus, versorgten die Kinder und hielten die sozialen Kontakte in der Familie und Nachbarschaft aufrecht. Während der Abwesenheit der Männer hing das Überleben der Familie häufig von Frauen ab. Wenn kein Vermögen vorhanden war, verkauften bürgerliche Frauen Handarbeiten, gaben Klavierunterricht oder arbeiteten in fremden Haushalten als Hauswirtschafterinnen oder Gouvernanten. Allerdings gab es immer wieder auch Frauen, die allein oder in Begleitung unterwegs waren: Marketenderinnen hinter den Truppen, Schauspielerinnen auf der Suche nach Engagement, Händlerinnen aus den Dörfern zu den Märkten oder junge Mägde vom Land in die Städte, wo sie auf eine Anstellung als Dienstmädchen hofften.

Während Reisebeschreibungen von Männern bereits aus früheren Jahrhunderten bekannt sind, findet man sie aus Frauenhand äußerst selten. Allenfalls schickten adlige Frauen Briefberichte über ihre Reisen an Verwandte. Berühmt ist die Russlandreise der **Großen Landgräfin Karoline von Hessen-Darmstadt** (1721–1774) im Jahre 1773. Sie fuhr mit ihren drei Töchtern zum russischen Hof nach St. Petersburg. Eine der Töchter sollte mit dem Sohn der russischen Zarin Katharina verheiratet werden. Die Briefe der Landgräfin an ihre Mutter, gewähren uns interessante Einblicke in das Leben des russischen Zarenhofs. Die Landgräfin schilderte die Kleidung, die

Zeremonien, die Badegewohnheiten der Frauen am Hof, berichtete über Besuche in Mädchenschulen und anderen sozialen Einrichtungen. Freilich waren diese Briefe nicht für die Öffentlichkeit bestimmt. Erst hundert Jahre nach dem Tod der Landgräfin wurde eine Auswahl aus ihrer umfangreichen Korrespondenz über ihre Russlandreise veröffentlicht.

In den frühen Reiseberichten wurden in der Regel nicht nur die Sehenswürdigkeiten in der Fremde beschrieben, sondern auch die Umstände der langen beschwerlichen Fahrt. Vor dem Siegeszug der Eisenbahn war die Postkutsche das wichtigste öffentliche Verkehrsmittel. Sie verkehrte seit dem 16. Jahrhundert, durch Postillione gelenkt, regelmäßig zwischen den Städten. Unterwegs hielten die Wagen an den Poststationen, wo die Pferde gewechselt wurden. Die Fahrgäste konnten sich dort erfrischen und ein wenig erholen. Das Reisen im vorindustriellen Zeitalter war alles andere als bequem. Die Postkutschen waren eng, zugig und oft schmutzig, die unbefestigten Straßen staubig und uneben und es kam häufig zu schweren Unfällen. **Eva König** (1736–1778), nachmalige Ehefrau von Gotthold Ephraim Lessing, berichtete am 28. Februar 1772 an ihren Verlobten entsetzt über ihre Fahrt von Hamburg nach Wien: *»So viel Hindernisse, wie wir auf dieser Reise angetroffen, …habe ich in meinem Leben nicht ausgehalten…In 36 Stunden haben wir zwei neue Achsen und zwei Stangen gebrochen; die Pferde sind mit uns durchgegangen, und haben über solchen Graben und Hügel gesetzt, dass wir den schrecklichsten Tod vor Augen sahen«.*

Aus solchen und ähnlichen Briefstellen erfahren wir manchmal auch, welche Strapazen Frauen während einer Reise mit der Kutsche ertragen mussten. Da die Mode bis zum Ende des 19. Jahrhunderts der Damenwelt Kleidung vorschrieb, die für das Reisen äußerst unpraktisch war, war bereits das lange Sitzen in den engen Kutschen eine Qual. Auch fehlten in den meisten Gasthöfen Toiletten und Waschgelegenheiten für Damen. Frauen waren auch, zumal wenn sie ohne männliche Begleitung reisten, in der Regel Belästigungen und

Pöbeleien unhöflicher Postillione und anderer Reisegenossen ausgesetzt.

Trotz Schwierigkeiten einer Reise mit der Kutsche brachen zu Beginn des 19. Jahrhunderts immer mehr Frauen auf, um Völker in fremden Ländern kennen zu lernen. Dementsprechend wuchs auch die Zahl der Reiseberichte von Autorinnen in Zeitschriften und Büchern und bald gehörte die Reiseliteratur im Allgemein und besonders aus Frauenhand neben Romanen und Erzählungen zu den meistgelesenen literarischen Genres, nicht nur in deutschsprachigen Ländern, sondern auch in England, Frankreich und Italien.

Deutschlands erste Berufsschriftstellerin und Zeitungsherausgeberin **Sophie von La Roche** (1730 –1807) war auch auf dem Gebiet der Reiseliteratur eine Vorreiterin. Die Vielgereiste veröffentlichte zwischen 1787 und 1793 Reisebeschreibungen u.a. über die Schweiz, Frankreich, Holland und England. Da sich ihre Berichte über fremde Länder vor allem mit pädagogischem Vorsatz an die weibliche Leserschaft richteten, festigte sich ihr Ruf durch die Reisebücher als Autorität auf dem Gebiet der Frauenbildung. Wie ungewöhnlich es für eine Frau noch war, so häufig wie La Roche das traute Heim zu verlassen, zeigt das Vorwort ihres Buches über die Reise nach Holland und England im Jahre 1786, in dem sie sich regelrecht für die Herausgabe eines neuen Reisebuchs entschuldigte: »*Wieder eine Reise! werden meine Freunde, meine Kinder und Bekannten sagen. Ja es werden alle staunen, dass eine Frau, in meinen Jahren, die Gelegenheit und den Willen hat, solche Reisen zu machen, welche sonst ganz allein die Sache der Jugend, des Reichtums, der Freiheit und der Geschäfte sind!*« Sie erklärte ihre Reiselust »*an der Seite einer höchst edlen Freundin*« mit ihrer Wissbegier und sie wollte mit ihrem Reisebericht ihre Kinder und treuen Leserinnen »*glücklich*« machen.

Zwanzig Jahre später brauchten sich Schriftstellerinnen in der Regel nicht mehr für ihre Reiselust zu entschuldigen. **Johanna Schopenhauer** (1766–1838), die erfolgrei-

che Salonière und Schriftstellerin, die nach dem Tod ihres Mannes aus Hamburg nach Weimar zog, war oft und gern unterwegs. Sie verdiente ab den 1820er Jahren mit ihren Reisebüchern und Romanen ihren Lebensunterhalt, nachdem sie den größten Teil ihres geerbten Vermögens verloren hatte. Ihr Bericht über einen Kuraufenthalt in Wiesbaden, Schlangenbad und Schwalbach hatte großen Erfolg. Es war einer der ersten Berichte über eine »Badereise«, die im ersten Drittel des 19. Jahrhunderts in Mode kam. Johanna Schopenhauer schilderte in ihrem Reisebuch mit dem Titel *Ausflucht an den Rhein und dessen Umgebungen im Sommer des ersten friedlichen Jahres* (1816) ausführlich das Treiben der Badegesellschaft an den neu geschaffenen Badeorten am Rhein.

Nach dem Kuraufenthalt bereiste Johanna Schopenhauer in der Gesellschaft ihrer Tochter **Adele** auch andere Städte am Rhein und in seiner Umgebung, um für ihr Reisebuch Material zu sammeln. Auch Darmstadt stand auf ihrem Reiseplan. Vom Rhein kommend erreichten die Damen im August 1816 in einer Kutsche auf einem »sandigen öden Weg« die hessische Residenzstadt, wo sie die Sehenswürdigkeiten der Stadt, den Herrengarten, das Museum im Schloss, die Altstadt und das Theater besuchten. Sie schrieb: »*Es lebt sich gar und gut und froh im Kreise der freundlichen gebildeten Einwohner von Darmstadt und auch in den niederen Klassen sieht man viele angenehme heitere Gestalten und überall ein freundlich höfliches Betragen. Die Umgegend von Darmstadt, hin und wieder sandig, aber anmutig durch eine reiche Vegetation und fleißigen Anbau*«.

Während das Reisen bürgerlicher Frauen Mitte des 19. Jahrhunderts ein Stück Normalität wird, bleibt die Frage der Reisebegleitung im ganzen Jahrhundert ein Problem für die Frauen. Obwohl bereits Johanna Schopenhauer von Zeit zu Zeit ohne Begleitung unterwegs war, blieben alleinreisende Frauen im 19. Jahrhundert stets eine Ausnahme.

Wie außergewöhnlich es für eine Frau war, allein unterwegs zu sein, schilderte **Louise Otto-Peters** (1819–1895), die Gründerin des ersten großen überregionalen Frauenvereins in Deutschland in ihrer Autobiografie. Auf einer Reise durch Thüringen Anfang 1840 ließ sie in Gotha durch den Gastwirt eine Lohnkutsche kommen, um die Sehenswürdigkeiten der Umgebung zu besichtigen:

> *Der stämmige Thüringer erschien am Abend auf meinem Zimmer und schrie mich an: ‚Wo ist denn die Herrschaft, die ich zwei Tage fahren soll?‘ Ich musste die Antwort: ich bin's‘! ein paar Mal wiederholen, ehe er sie begriff. Da ich, ungewohnt mit fremden Kutschern, besonders wie dieser im Genre der Fuhrleute, zu unterhandeln, leise und schüchterne Antworten gab, sein Jargon und seine Rechnung auch nicht recht verstand, sagte er ärgerlich: ‚kann ich denn nicht lieber mit dem Herrn reden?‘. In der Überzeugung, er meine den Wirt des Hotels, sagte ich, so möge er ihn rufen, da er doch wohl von ihm auf mein Zimmer geschickt sei. ‚Ich meine den Herrn, der mitfährt!‘ polterte der Kutscher. Ich dachte der Schlag rühre mich bei dieser Antwort: ‚Ich fahre allein oder gar nicht!‘ rief ich mit vor Zorn zitternder Stimme. ‚Ich will den Thüringer Wald genießen und mach es kurz: wollt Ihr mich fahren oder nicht? ‚Ja wenn das Mamsellchen allein ist – mir kanns recht sein – aber passiert ist mir das noch nicht, da müssen's schon verzeihen‘.*

Ab Mitte des 19. Jahrhunderts gehören Reiseberichte von Frauen auch zum Standardprogramm der Zeitungen. Dass gerade Schriftstellerinnen Erfolg mit ihren Reiseberichten hatten, lag vermutlich daran, dass sie im Gegensatz zu den männlichen Autoren weniger große Abenteuer, Entdeckungen oder langweilige geografische Begebenheiten in fremden Ländern schilderten, sondern mehr über alltägliche Dinge schrieben: über Sitten und Bräuche in dem Reiseland, Trachten von Frauen und Männern, Einrichtungen der Gasthäuser oder über die Lebensumstände einfacher

Leute. Diese Schilderungen fanden Gefallen vor allem bei Frauen, die weder die Mittel noch die Zeit zu ausgedehnten Reisen besaßen.

Deutschlands wichtigstes Feuilletonblatt in der ersten Hälfte des 19. Jahrhunderts, das Stuttgarter *Morgenblatt für gebildete Stände/Leser*, war eine der ersten Zeitungen, die ab 1840 regelmäßig Reiseliteratur von Frauen veröffentlichten. Zu den ersten Autorinnen, deren Reisebeschreibung in Fortsetzungen im Morgenblatt erschien, gehörte die Darmstädterin **Louise von Gall** (1815–1855). Die Beschreibung einer Reise nach Ungarn im Jahre 1841, in ein damals als exotisch geltendes Land, gefiel den Lesern des Blattes so gut, dass sie die Autorin nicht nur in Deutschland, sondern in Österreich und natürlich auch in Ungarn bekannt machte. In ihrem Bericht erscheint übrigens neben der Kutsche als neues Verkehrsmittel das Dampfschiff, das seit den 1820er Jahren das Reisen auf den großen Flüssen Europas beschleunigte.

Noch mehr wurde das Reisen durch den Bau von Eisenbahnstrecken erleichtert. Nach Eröffnung der ersten Bahnstrecke 1835 zwischen Nürnberg und Fürth gab es 1850 bereits ca. 6000 Eisenbahnkilometer in Deutschland. Man gelangte von einer Stadt in die andere ohne lästigen Halt an den Gasthöfen, die Kleider der Damen blieben in den geräumigen Wagen unbeschädigt, man konnte die Reisezeit mit Lesen verbringen und ausgebildete Schaffner achteten auf die guten Sitten.

Die zu ihrer Zeit berühmte Darmstädter Dichterin **Luise von Ploennies** (1803–1872) widmete 1844 dem neuen Verkehrsmittel ein Gedicht, dessen erste Zeilen lauten:

Rascher Blitz, der mich trägt Pfeilschnell, von der Gluth bewegt, Sausend durch des Tages Pracht, Brausend durch die dunkle Nacht ...

Sie musste allerdings noch die Postkutsche nehmen, um von Darmstadt nach Mainz zur Anlegestelle zu gelangen, als sie in Begleitung ihrer Tochter 1844 zu einer Reise nach Belgien aufbrach, da Darmstadt erst 1846 an das Eisenbahnnetz angeschlossen wurde.

Die Faszination der neuen Art des Reisens erfasste auch Luise von Ploennies' Schriftstellerkollegin **Luise Büchner** (1821–1877), die eine ihrer frühen Erzählungen mit einer Szene in einem Eisenbahnwaggon beginnen und enden ließ (*Die kleine Hand*). Sie selbst fuhr 1864 mit der Bahn nach Paris und weiter in die Normandie. Für die Fahrt von Caen zu den Badeorten am Meer musste sie allerdings noch einen Pferdeomnibus nehmen.

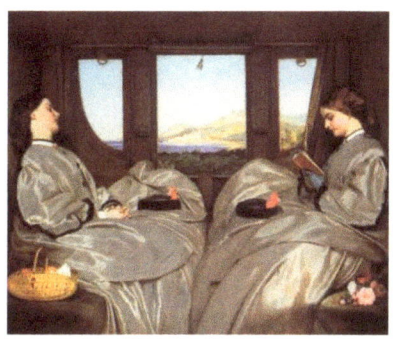

Mit der Bahn waren bald auch luxuriöse Fahrten möglich. Mitglieder des Adels und Großbürgertums fuhren zwar im gleichen Zug wie das bürgerliche Publikum zu ihren Reisezielen, jedoch in besonderen Abteilen und Salonwagen, wo sie alle Bequemlichkeiten der Welt hatten. So auch das Fürstenehepaar Erbach-Schönberg, das 1884 mit der Bahn von Darmstadt aus über Wien Richtung Bulgarien fuhr, wo der Bruder der Fürstin, Alexander von Battenberg, seit 1875 als erster Fürst von Bulgarien regierte. Der Bericht von **Marie Erbach-Schönberg** (1852–1935) über diese Reise erschien bereits ein Jahr später als Privatdruck. 1916 folgte eine neue Ausgabe und der Text fand gekürzt auch Eingang in die Memoiren der Fürstin. Die wiederholte Veröffentlichung dieses Textes zeigt, welche Beliebtheit Reisebeschreibungen, noch dazu aus der Feder einer Adligen, bei der Leserschaft auch im 20. Jahrhundert hatten. Das gemeine Publikum bekam übrigens auf den Bahnhöfen die »hohen Herrschaften« selten zu Gesicht, da die meisten Bahnhöfe vor dem Ersten Weltkrieg über besondere Gebäude oder Wartesäle, sogenannte »Fürstenbahnhöfe« verfügten.

Mitte des 19. Jahrhunderts wurde für manche der reiselustigen Frauen Europa zu klein. Die Österreicherin **Ida Pfeiffer** (1797–1858) machte als erste Frau mehrere Weltreisen und verfasste viel gelesene Berichte über ihre Reisen. Die aus einer mecklenburgischen Adelsfamilie stammende Schriftstellerin **Ida von Hahn-Hahn** (1805–1880) reiste in den Orient und erzielte mit ihren Orientalische Briefen großen Erfolg. Das Werk aus dem Jahre 1844 wurde sofort nach dem Erscheinen in Deutschland in mehrere Sprachen übersetzt. Auch die in Darmstadt geborene **Henriette von Preuschen** (1854–1918), zu ihrer Zeit berühmte Malerin und Schriftstellerin, war eine begeisterte Weltreisende. In ihrer posthum erschienenen Autobiografie *Roman meines Lebens* schilderte sie ausführlich ihre Reisen in Asien und Nordafrika.

In der jüngsten Zeit werden zahlreiche Reisebeschreibungen von Schriftstellerinnen aus dem 18. und 19. Jahrhundert neu herausgegeben. Während Romane und Erzählungen von den gleichen Autorinnen kaum gelesen werden, haben ihre Reiseberichte heute noch Erfolg. Der Grund ist leicht zu erklären: Romane und Erzählungen der meisten Autorinnen bedienten den literarischen Geschmack ihrer Zeit, was für die heutigen Leserinnen und Leser gänzlich fremd ist. Reisebeschreibungen zeichnen sich dagegen durch einen persönlichen Ton aus. Wer wissen möchte, auf welche Weise Frauen und Männer im 19. Jahrhundert ihre sich stark verändernde Welt erlebt haben, sollte Reiseliteratur aus dieser Zeit lesen. Wir erfahren aus diesen Büchern viel mehr über die bereisten Länder als aus trockenen Geschichtsbüchern. Besonders reizvoll ist es, sich mit einem alten Reisebuch in fremde Länder zu begeben, um die eigenen Eindrücke mit der Schilderung der Reisenden von damals zu vergleichen.

Schriftstellerinnen in finsteren Zeiten

Wer über das Verhalten von Menschen in Diktaturen, in Staaten mit totalitären Tendenzen oder autoritären Führungen nachdenkt oder forscht, widmet sein besonderes Augenmerk dem Verhalten von Intellektuellen, Schriftstellern, Künstlern und Wissenschaftlern, die in diesen Systemen leben und arbeiten. Es wird traditionsgemäß von Menschen, die über Wissen, Einfühlungsvermögen und kraft ihrer Bildung über sprachliche oder künstlerische Ausdrucksmöglichkeiten verfügen, erwartet, sich nicht von politischen Rattenfängern täuschen zu lassen. Das politische Verhalten von Intellektuellen in den vergangenen Jahrhunderten hat diese Erwartung in vielen Fällen nicht erfüllt, und auch in der Gegenwart gibt es genügend Beispiele für den »Verrat der Intellektuellen«, den Julien Benda bereits in den 20er Jahren des vorigen Jahrhunderts beklagte. Für Verrat und Enttäuschung kann als Kronzeugin auch **Hannah Arendt** (1906–1975) zitiert werden, die in einem im Jahr 1964 gegebenen Interview ein vernichtendes Urteil über das Verhalten der Intellektuellen in ihrer Umgebung nach Hitlers Machtübernahme fällte:

> *Daß die Nazis unsere Feinde sind – mein Gott, wir brauchten doch, bitte schön, nicht Hitlers Machtergreifung, um das zu wissen! Das war doch seit mindestens vier Jahren jedem Menschen, der nicht schwachsinnig war, völlig evident. Daß ein großer Teil des deutschen Volkes dahinter stand, das wussten wir auch. Davon konnten wir doch nicht 33 schockartig überrascht sein [...]. Das Problem, das persönliche Problem war doch nicht etwa, was unsere Feinde taten, sondern was unsere Freunde taten. Was damals in der Welle von Gleichschaltung, die ja ziemlich freiwillig war, jedenfalls noch nicht unter dem Druck des Terrors vorging: das war, als ob sich ein leerer Raum um einen bildete. Ich lebte in einem intellektuellen Milieu, ich kannte aber auch andere Menschen. Und ich konnte feststellen, dass unter den Intellektuellen die Gleichschaltung sozusagen die Regel war.*

Bekanntlich musste die Philosophin Deutschland nach der Machtergreifung der Nazis auf dem schnellsten Weg verlassen. Zu gleicher Zeit trat ihr Lehrer, Mentor und früherer Liebhaber, Martin Heidegger der NSDAP bei und übernahm das Rektorat der von den Nazis gleichgeschalteten Freiburger Universität. In den folgenden Jahren gab er seinen weltberühmten Namen für das Regime her, indem er unter anderem die einseitige Aufkündigung der Versailler Verträge forderte und für Deutschlands Austritt aus dem Völkerbund eintrat. Im Frühjahr 1936 hielt er im faschistischen Italien mit dem Parteiabzeichen auf dem Revers einen Vortrag, wozu sein ehemaliger Schüler Karl Löwith, der in der Emigration dort lebte, wegen seiner jüdischen Herkunft nicht geladen war.

Für **Thomas Mann** waren alle Bücher, die zwischen 1933 und 1945 in Deutschland gedruckt waren, wertlos und »*nicht gut in die Hand zu nehmen*«. Enttäuscht vom Verhalten seiner in Deutschland gebliebenen Schriftstellerkollegen wollte er diese Bücher nach dem Krieg sogar eingestampft wissen. Ähnliche Meinung vertraten Intellektuelle über das belletristische und wissenschaftliche Werk ihrer im Land gebliebenen Kollegen und Kolleginnen, nachdem sie aus der Sowjetunion und ihren Satellitenstaaten vor der Diktatur der kommunistischen Parteien flohen. Einer der prominentesten von ihnen, der ungarische Schriftsteller **Sándor Márai** schrieb:

> *Wenn ein Schriftsteller in diesem System nicht alles verleugnet, in das hinein er geboren, in dem er erzogen wurde und an das er glaubte: seine Klasse, seine Bildung, die bürgerliche und humanistische Gesinnung, die demokratische Spielart der gesellschaftlichen Entwicklung, wenn er das alles nicht verleugnet, wird er manchmal – wie die russischen Schriftsteller, die den Gehorsam verweigerten – zum lebendigen Toten, manchmal auch zum physischen Toten. In den Gewaltsystemen ist den ‚Geistesschaffenden‘ – den Schriftstellern, Wissenschaftlern, Künstlern – eine besondere Rolle zugewiesen. In jedem dieser Systeme kommt ein Augenblick, da die bloße Existenz des ‚Geistesschaffenden‘ es be-*

stätigt. Mag er auch abseits stehen und schweigen, mögen auch alle [...] wissen, daß er zuinnerst das Gewaltregime ablehnt: Die Tatsache, daß er präsent ist, legitimiert die Gewalt.

Wie recht Márai mit dieser These hatte, zeigte das Schicksal vieler Intellektueller in den Ländern des »real existierenden Sozialismus«: In den langen Jahren der Parteidiktatur, vor allem nach der stalinistischen Periode, gehörten die meisten Schriftsteller, Wissenschaftler, Künstler zur offiziellen Kultur. Die loyale Haltung dieser Intellektuellen zu den kommunistischen Parteien ihrer Länder wurde mit zahlreichen Auszeichnungen belohnt. Im Gegensatz zu ihren nicht-intellektuellen Landsleuten durften sie ins westliche Ausland reisen, wurden bei der Vergabe von Wohnungen bevorzugt und bekamen zur Erholung bequeme Sommerhäuser. Ihre Rolle als kritische Intellektuelle beschränkte sich meistens auf harmlose Mäkelei an einigen unbedeutenden Symptomen der Parteibürokratie.

Nach dem Zusammenbruch der Sowjetunion und der in ihrem Machtbereich gehörenden Staaten erschienen zahlreiche Artikel und Bücher über die Rolle der Intellektuellen in Diktaturen. Ich möchte zu diesem Thema einen kleinen Mosaikstein hinzufügen, in dem ich trotz aller Einwände von Thomas Mann und Sándor Márai das Verhalten von drei Schriftstellerinnen als Beispiel für Redlichkeit und Zivilcourage in Erinnerung rufe. Sie erhoben in verschiedenen Ländern zu verschiedenen Zeiten mit der *»klaren, zerbrechlichen Kraft des Schreibens«* gegen Unterdrückung und Willkür ihre Stimmen und nutzten den schmalen Grat zwischen Widerstand und Konformität, um Herrschende in totalitären Systemen zu verunsichern und die Hoffnung auf Freiheit in der Bevölkerung aufrechtzuerhalten. Die fast 70jährige **Ricarda Huch** protestierte 1933 in Deutschland gegen die »Gleichschaltung« der Preußischen Akademie für Künste durch die Nationalsozialisten, die ungarische Schriftstellerin **Erzsébet Galgóczi** brach in ihren Erzählungen und Romanen mehrere von den Kulturfunktionären der Kommunistischen Partei aufgestellte Tabus und die Algerierin **Assia Djebar** kämpfte mutig gegen Intoleranz und

Unterdrückung der Frauen durch eine von Männern dominierte Gesellschaft und gegen die Todeskommandos religiöser Fanatiker.

Beispiel 1: Ricarda Huch (1864–1947)

Als die Schriftstellerin, Dichterin und Historikerin Ricarda Huch, Verfasserin zahlreicher Romane, Gedichte und historischer Werke am 27. Oktober 1926 als erste und einzige Frau zum Mitglied der neu errichteten Abteilung für Dichtkunst der Preußischen Akademie der Künste in Berlin gewählt wurde, war sie auf dem Zenit ihrer Laufbahn. Anlässlich ihres 60. Geburtstages zwei Jahre zuvor bekam sie von der Stadt München die akademische Ehrenbürgerwürde und es wurde eine Straße nach ihr benannt. Thomas Mann, der große Sympathie für die Schriftstellerin hegte, gratulierte zu ihrem 60. Geburtstag mit einem längeren Text, indem es hieß: »*Dies sollte ein Deutscher Frauentag sein, und mehr als ein deutscher. Denn nicht nur die erste Frau Deutschlands ist es, die man zu feiern hat, es ist wahrscheinlich heute die Erste Europas.*« Im selben Jahr wurde sie sogar für den Literaturnobelpreis vorgeschlagen. Nur am Rande sei erwähnt, dass nicht sie, sondern ihr Lobredner Thomas Mann, diese hohe Auszeichnung bekam. Auch die Stadt Frankfurt ehrte die Schriftstellerin 1931 mit der Verleihung des Goethe-Preises. Die Widmungsurkunde, bezogen auf die 200jährige Wiederkehr des Geburtstages der Frau Rat Goethe, beginnt mit dem Satz:

> *Zur Zweihundertjahrfeier von Goethes Mutter bringt die Stadt Frankfurt am Main dem Genius der Frauen ihre Huldigung dar durch die Verleihung des Goethe-Preises an die Dichterin und Geschichtsschreiberin Ricarda Huch aus Braunschweig.*

Die 1864 geborene Ricarda Huch, nahm einen für Frauen ihrer Zeit ungewöhnlichen Lebensweg: Sie studierte an der Züricher Universität – wo die Immatrikulation von Frauen im Gegensatz zu Deutschland bereits seit den 1860er Jahren möglich war – und promovierte als eine der ersten Frauen zum Doktor der Geschichtswissenschaft. Trotz ihrer eigenen gelungenen »Emanzipation« hat Ricarda Huch für die sogenannte »Frauenfrage« später wenig übrig. Das ist umso überraschender, da sie eng mit Frauen befreundet war, die eine aktive Rolle in der Frauenbewegung spielten wie zum Beispiel Marie Baum, Marianne Weber oder Agnes von Zahn-Harnack. Ricarda Huchs politische Einstellung wurde von vielen radikalen Zeitgenossen als konservativ bezeichnet. Ihr Konservatismus ist jedoch ambivalent: Sie war misstrauisch gegen Demokratien, lehnte jedoch eine autoritäre Führung ab, sie plädierte für eine starke staatliche Ordnungsmacht, warnte jedoch vor einem Regime, wo zwar Ordnung herrsche, jedoch »die Einzelkräfte aus Mangel an Übung gelähmt werden und deshalb das Volk trotz augenscheinlichen Wohlstandes immer weniger leistungsfähig wird und bei einem gewaltsamen Anstoß hilflos in sich zusammensinkt, schrieb sie 1920 in einem Brief.

Von Anfang an wandte sich Ricarda Huch gegen den immer stärker werdenden Antisemitismus in Deutschland. Als deutsche Wissenschaftler mit jüdischer Herkunft bereits in der Weimarer Republik keinen Ruf an deutsche Universitäten erhielten, half sie manchen von ihnen, eine angemessene Anstellung in der Schweiz zu finden. Als eine der wenigen prominenten Schriftsteller beteiligte sie sich im September 1930 an einem »*Aufruf an die Partei der Nichtwähler*«, in dem die Bürger aufgefordert wurden, zur Reichstagswahl zu gehen und gegen die Nationalsozialisten zu stimmen. Bekanntlich waren all die Bemühungen von Ricarda Huch und anderen Gegnern und Gegnerinnen der Nazis ohne Erfolg geblieben. Unmittelbar nach der Machtergreifung durch die Nationalsozialisten kam es zur Gleichschaltung aller staatlichen und nichtstaatlichen Institutionen, auch der Akademie der Künste.

Neun Tage nach dem Wahlsieg der Nazis, am 14. März 1933 erhielten die Mitglieder der Abteilung Dichtkunst vom Präsidenten der Akademie, Max von Schillings, einen »vertraulichen Brief«, in dem um die »sofortige Beantwortung« der in der Anlage mitgeschickten Frage gebeten wurde. Die Frage lautete: »*Sind Sie bereit, unter Anerkennung der veränderten geschichtlichen Lage weiter Ihre Person der Preußischen Akademie der Künste zur Verfügung zu stellen? Eine Bejahung dieser Frage schließt die öffentliche politische Betätigung gegen die Regierung aus und verpflichtet Sie zu einer loyalen Mitarbeit an den satzungsgemäß der Akademie zufallenden nationalen und kulturellen Aufgaben im Sinne der veränderten geschichtlichen Lage. Ja – Nein (nichtzutreffendes bitte durchstreichen)*.« Ricarda Huch, erbost über die Anmaßung des Präsidenten, ihr und den anderen Mitgliedern der Akademie »eine Frage von so unübersehbaren Konsequenzen vorzulegen«, erklärte in ihrem Antwortbrief:

> *Die Mitglieder der Akademie werden nach Wortlaut der Statuten zur Ehrung und Anerkennung ihrer Leistungen berufen, ohne dass ein politisches Bekenntnis von ihnen gefordert wurde. Ich bin, seit ich der Akademie angehöre, stets mit Nachdruck dafür eingetreten, daß bei der Wahl der Mitglieder nichts anderes maßgebend sein darf als ihre künstlerischen Leistungen und die Bedeutung ihrer Persönlichkeit. Daran werde ich auch künftig festhalten.*

Die neuen Machthaber wollten Ricarda Huchs Weigerung, sich an ihr Regime anzuschließen, nicht ohne weiteres hinnehmen. In mehreren Schreiben appellierte von Schillings an das »tiefe konservative Lebensgefühl« der Schriftstellerin und »ihre große ins Volk reichende schöpferische Wirkung als Künstler«, um sie umzustimmen. Ricarda Huch lehnte darauf nicht nur die Unterzeichnung der Loyalitätserklärung ab, sondern erklärte unmissverständlich ihren Austritt aus der Akademie. Wegen der Klarheit der Sprache in einer Zeit der Verklärungen und Missdeutungen, lohnt es sich, ihren berühmten Brief vollständig zu zitieren:

> *Sehr geehrter Herr Präsident, lassen Sie mich zuerst danken für das warme Interesse, das Sie an meinem Verbleiben in der Akademie nehmen. Es liegt mir daran, Ihnen verständlich zu machen, warum ich Ihrem Wunsche nicht entsprechen kann. Dass ein Deutscher deutsch empfindet, möchte ich fast für*

selbstverständlich halten; aber was deutsch ist und wie Deutschtum sich betätigen soll, darüber gibt es verschiedene Meinungen. Was die jetzige Regierung als nationale Gesinnung vorschreibt, ist nicht mein Deutschtum. Die Zentralisierung, den Zwang, die brutalen Methoden, die Diffamierung Andersdenkender, das prahlerische Selbstlob halte ich für undeutsch und unheilvoll. Bei einer so sehr von der staatlich vorgeschriebenen Meinung abweichenden Auffassung halte ich es für unmöglich, in einer staatlichen Akademie zu bleiben   Sie   erwähnen die Herren Heinrich Mann und Dr. Döblin. Es ist wahr, dass ich mit Herrn Heinrich Mann nicht übereinstimmte, mit Herrn Döblin tat ich es nicht immer, aber doch in manchen Dingen. Jedenfalls möchte ich wünschen, dass alle nichtjüdischen Deutschen so gewissenhaft suchten, das Richtige zu erkennen und zu tun, so offen, ehrlich und anständig wären, wie ich ihn immer gefunden habe. Meiner Ansicht nach konnte er angesichts der Judenhetze nicht anders handeln, als er getan hat. Dass mein Verlassen der Akademie keine Sympathiekundgebung für die genannten Herren ist, trotz der besonderen Achtung und Sympathie, die ich für Dr. Döblin empfinde, wird jeder wissen, der mich persönlich oder aus meinen Büchern kennt. Hiermit erkläre ich meinen Austritt aus der Akademie.

Während der nationalsozialistischen Schreckensjahre arbeitete Ricarda Huch an ihrem umfangreichen Werk Deutsche Geschichte, deren erste zwei Bände Ende der 30er Jahre noch erscheinen konnten, sehr zum Missfallen nationalsozialistischer Kritiker. Zu ihrem achtzigsten Geburtstag im Jahre 1944 wurde ihr trotz allen Anfeindungen auch von offiziellen Stellen gratuliert, sie erhielt den Wilhelm-Raabe-Preis ihrer Geburtsstadt Braunschweig und es kamen Glückwünsche aus Goebbels' Ministerium für Volksaufklärung und Propaganda. Nachhinein bereute sie allerdings, dass sie den Preis angenommen hatte.

Ricarda Huch stand in Jena, wo sie seit 1936 mit ihrer Tochter und ihrem Schwiegersohn Franz Böhm lebte, in

Verbindung mit mehreren Widerstandskämpfern wie Helmut Gollwitzer, Martin Niemöller oder Emil Henk. Wie einige ihrer Briefe zeigen, bekam sie immer wieder Schwierigkeiten wegen ihrer offenen Ablehnung des Naziregimes. Als das Attentat auf Hitler am 20. Juli 1944 scheiterte, verfasste sie das Gedicht *An unsere Märtyrer*, das freilich erst 1947 veröffentlicht werden konnte:

Schmerzen, unsägliche, litt der griechische Heros, bevor er Sterben durfte und die erlösende Flamme noch schmerzte. Meine Helden, geliebte, ihr littet schwerer als jener, Schmachvoll, gemartert, verhöhnt, von keinem Freunde getröstet. Ihr, die das Leben gabt für des Volkes Freiheit und Ehre, Nicht erhob sich das Volk, euch Freiheit und Leben zu retten.

Tief erschüttert über das Schicksal der Hingerichteten, Arvid und Mildred Harnack, Elisabeth von Thadden und vieler anderen Freunde und Bekannten, sammelte die betagte Dichterin bereits 1944 Material über den Widerstand in der Nazidiktatur. Geplant war ein dreibändiges Werk mit dem Titel Bilder deutscher Widerstandskämpfer. Ricarda Huch konnte dieses Vorhaben nicht mehr verwirklichen. Die 83jährige Schriftstellerin starb im Oktober 1947 in der Nähe von Frankfurt am Main, kurz nachdem sie in Berlin auf dem ersten deutschen Schriftstellerkongress wegen ihrer aufrechten Haltung während der Nazidiktatur hoch geehrt wurde. Der Tod traf sie auf der Flucht aus der durch die Sowjetunion besetzten Zone, da sie das Entstehen einer neuen Diktatur im Osten der Republik voraussah.

Beispiel 2: Erzsébet Galgóczi (1930–1989)

In dem Jahr, als Ricarda Huch starb, bereitete sich Erzsébet Galgóczi gerade auf die Abiturprüfung an einem Gymnasium der westungarischen Stadt Györ vor. Sie stammte aus einer Bauernfamilie und diese Abstammung war in den 1950er Jahren in Ungarn und den anderen Volksdemokratien, wie die mittel- und osteuropäischen Staaten unter der sowjetischen Hegemonie ab 1948/49 hießen, außerordentlich wertvoll. Die Herkunft aus einer Bauern- oder Arbeiterfamilie bedeutete nämlich eine besondere Förderung, vor allem Pluspunkte bei der Aufnahme auf ein Gymnasium und in die Hochschulen des Landes.

»Bis zum zwanzigsten Lebensjahr lebte ich das Leben eines Bauernmädchens«, berichtete Erzsébet Galgóczi in einem Interview. Neben der harten Arbeit im elterlichen Haus während der Schulferien machte sie die ersten literarischen Versuche und als Zwanzigjährige gewann sie prompt den ersten Preis in einem Literaturwettbewerb. Als Studentin an der Hochschule für Theater und Film lernte die junge Frau aus der Provinz die Hauptstadt Budapest kennen, den geistigen Mittelpunkt Ungarns. Mit ihren Erzählungen platzte die angehende Schriftstellerin 1952 in die Mitte einer literarischen Diskussion, die als *Debatte über die Traurigkeit* in die ungarische Literaturgeschichte eingehen sollte. Angesichts der Tatsache, dass die offizielle Doktrin des sozialistischen Realismus für die Literatur, aber auch für die Malerei und Musik, ausdrücklich Optimismus verordnete, war diese Diskussion, an der sich die bedeutendsten Autoren Ungarns beteiligten, von großer Bedeutung. Die Frage, ob man traurige Gedichte schreiben, ob man Geschichten über die auch in einer sozialistischen Gesellschaft vorhandenen existenziellen Sorgen der Menschen veröffentlichen dürfe, rüttelte an den Grundprinzipien des Kunstverständnisses der kommunistischen Partei. Dass die Kritiker dieser Doktrin aus den eigenen Reihen kamen, – fast alle bedeutenden Schriftsteller Ungarns gehörten vor 1956 der ungarischen kommunistischen Partei an – machte die Sache für die Machthaber nicht leichter. Versuche, ungehorsame Schriftsteller mit Auszeichnungen und Staatspreisen zu

besänftigen, war 1953, im Jahr des sogenannten Tauwetters nach all den Lügen und Verbrechen der Kommunistischen Partei Ungarns bei den meisten Intellektuellen wirkungslos. Und als dann im Gegenzug die Repressalien verstärkt wurden, rebellierten die Schriftsteller gegen die Einmischung in die schöpferische Arbeit seitens der Parteifunktionäre so massiv, dass der Protest im Oktober 1956 schließlich auf die ganze Bevölkerung Ungarns überschwappte. Bekanntlich endete der ungarische Aufstand infolge der militärischen Intervention durch die Sowjets in einer Niederlage.

Erzsébet Galgóczi wurde während der 1960er Jahre zu einer bekannten Schriftstellerin. In ihren Erzählungen und Romanen thematisierte sie die Widersprüche der kommunistischen Heilsbotschaften und das Leiden der Menschen unter politischen Doktrinen der engstirnigen Parteifunktionäre. Sie schilderte Tragödien, die sich durch Vorurteile, Angst und Verfolgung im sozialistischen Ungarn im Alltag von Frauen und Männern ereigneten und ihr Leben öde und traurig machten. In ihrer Erzählung, die in deutscher Übersetzung unter dem Titel *Eine andere Liebe* erschien, schilderte sie das Schicksal einer jungen Frau, die nach der Revolution von 1956 keine Kompromisse mehr machen wollte. Als unangepasste Intellektuelle, als kritische Journalistin, als lesbische Frau versuchte Éva Szaláncky, die Heldin von Galgóczis 1980 erschienen Erzählung, das Land zu verlassen. Die Charakterisierung von Éva durch den Chefredakteur einer fiktiven Zeitung im Roman passt haargenau auf die Person der Autorin:

> *Hier in der Redaktion war die Atmosphäre ausgesprochen schlecht. Ich kam eigentlich erst dahinter, nachdem die Szaláncky ihre ersten Reportagen geschrieben hatte. Erst im Spiegel ihrer Beiträge wurden mir die unerträglichen Schematismen und Langweiler, die die Spalten der Zeitung füllten, klar. Ich will nicht übertreiben, aber jede Zeile von Eva Szaláncky war eine Sensation. [...] Sie zog zwei Monate über die Dörfer, kam mit zehn Berichten wieder zurück. Glänzende Schriften waren es, nur*

eben nicht geeignet, sie zu veröffentlichen. Sie wies darin nach, dass die Ereignisse der Rákosi-Ära, seine gegen die Bauern gerichtete Agrarpolitik, seine volksfremde Kaderpolitik klar und folgerichtig zur Gegenrevolution geführt hatten. Sie hielt darüber hinaus das für Revolution.

Nur wenige im Westen wissen, welche Brisanz solche Sätze in der ungarischen Einparteiendiktatur hatten. Bis zum Wendejahr 1989 hielt jeder Politiker im Ostblock an der Formel fest, der Aufstand von 1956 in Ungarn war ein Werk der von »westlichen Imperialisten« unterstützten konterrevolutionären Kräfte, also eine »Gegenrevolution«.

Auch die Thematisierung von Homosexualität in literarischen Werken war für die kommunistischen Parteifunktionäre von höchster Peinlichkeit. Die biedere Moralvorstellung der kommunistischen Parteien nahm oft groteske Züge an: Sie lehnten einerseits ein von der Norm abweichendes Verhalten im Sexual- und Familienleben ab, andererseits war die Gesetzgebung speziell in Ungarn ausgesprochen progressiv. Homosexualität stand im Gegensatz zu Westdeutschland, wo erst 1994 der Homosexuellen-Paragraph aus dem Strafgesetz gestrichen wurde, seit 1945 nicht mehr unter Strafe. Trotzdem war es sehr mutig, von Erzsébet Galgóczi, in ihrer Erzählung Eine andere Liebe, folgende Sätze zu sagen:

Da ist ein Mädchen aus dem bäuerlichen Stand, darüber hinaus katholisch, also in den strengsten moralischen Normen, die es gibt, erzogen. Mit anderen Worten, ein doppeltes Komplexsystem wird in ihr ausgebaut. Dieses Mädchen ist voller Aufruhr. Sie will nicht Bäuerin sein, sondern Intellektuelle, nicht Katholikin, sondern Kommunistin. Eines Tages erfährt sie an sich, dass sie Lesbierin ist. Das erschüttert sie bis in die Tiefe ihrer Seele wie ein Erdbeben. Obwohl – Gehört es nicht unterbewusst zu ihrem Aufbegehren, keine Frau, sondern ein Mann sein zu wollen? Dem heutigen Stand der Wissenschaft zufolge, haben diese, von der Norm divergierenden sexuellen Praktiken sowieso keine beweisbare bio-

*logische, genetische oder hormonelle Ursache. [...]
so viel allerdings wissen wir, dass niemand hundertprozentig Frau oder hundertprozentig Mann
ist – oder sollte das einmal doch vorkommen, so
ist das so extrem, dass es sich bereits um einen
pathologischen Fall handelt. Jeder wechselt von
dem einen Geschlecht in das andere über, in unter-
schiedlichem prozentualem Maß, wobei dieses Maß
sogar in Abhängigkeit von dem jeweiligen Partner
bestimmt wird.*

Dass Galgóczis Erzählungen und Romane in Ungarn erscheinen konnten, erstaunte die literarische Öffentlichkeit
der westlichen Länder. Während die wissenschaftliche Er-
forschung von Armut, Initiativen für die Benachteiligten
der Gesellschaft, sowie Kritik an Umweltverschmutzung
durch Industrieanlagen strengstens verboten waren, er-
laubte die Parteizensur die Veröffentlichung ihrer oft sehr
kritischen Bücher. Um als Autorin arbeiten zu können,
musste sie freilich zahlreiche Kompromisse schließen: Als
Abgeordnete von 1980 bis 85 trug sie die Politik der Einparteiendiktatur aktiv mit und lehnte stets einen radikalen
Bruch mit der Partei ab. Sie blieb bis Ende ihres Lebens der
kommunistischen Idee treu, wofür sie zahlreiche staatliche
Auszeichnungen und Preise erhielt.

Den Leserinnen und Lesern von Erzsébet Galgóczis Erzählungen und Romanen waren die alltäglichen Kompromisse durch ihre eigenen Erfahrungen bekannt. Wichtig
war für die meisten, aus den Büchern der Schriftstellerin
über »das wahre Leben« mehr zu erfahren, als aus der
eintönigen Parteipresse. Die Reformbewegung in Ungarn,
die Anfang der 80er Jahre einsetzte und seit Mitte des
Jahrzehnts durch Gorbatschows Politik in der Sowjetunion ihre Legitimation erhielt, war auch ein wenig das
Ergebnis der Bücher von Schriftstellerinnen wie Erzsébet
Galgóczi, die während der langen Jahre der Parteidiktatur nicht aufgehört hatten, in ihren Werken die Fehlent-
wicklungen des sozialistischen Systems zu beklagen. Die
meisten von ihnen konnten sich freilich nicht vorstellen,
dass ihre Reformbestrebungen eines Tages zu einem Sys-
temwechsel führen würden, wie es dann Mitte 1989 in Un-

garn als erstem Land des Warschauer Bündnisses erfolgte. Erzsébet Galgóczi erlebte allerdings den Untergang der von ihr kritisierten Parteibürokratie nicht mehr, sie starb am 20. Mai 1989 in ihrem Heimatdorf in Westungarn.

Beispiel 3: Assia Djebar (1936–2015)

In Algerien, in einem Land fern von Ungarn oder Deutschland, mit einer völlig anderen Geschichte und Gesellschaftsstruktur als diese Länder, wurde die Schriftstellerin Assia Djebar 1936 geboren. Die Kolonialmacht Frankreich und das patriarchalische System des Islams prägten ihre Jugend bis zur Unabhängigkeit des Landes im Jahre 1962. Ihre Bücher beschreiben die Widersprüchlichkeit zwischen Herrscher und Beherrschten, Männer und Frauen, den Wechsel von Licht und Schatten. Sie erzählte über die Dunkelheit der Räume, in denen die Frauen, verborgen von der Außenwelt, ihre Tage verbringen. Sie erzählte über ihr Leben in den engen Innenhöfen oder in den dunklen Bädern, wo die Konturen der Frauenkörper nur schemenhaft wahrgenommen werden können. Zu der Rechtlosigkeit von Frauen in der islamischen Welt war für sie als Schriftstellerin die Unterdrückung der Muttersprache durch die Kolonialmacht schwer zu ertragen. In ihrer Frankfurter Rede anlässlich der Verleihung des Friedenspreises des deutschen Buchhandels im Jahr 2000 sagte sie:

> Ich schreibe auf Französisch, in der Sprache der ehemaligen Kolonisatoren, die jedoch, und zwar unverrückbar, zur Sprache meines Denkens geworden ist.

Assia Djebar wurde im muslimischen Glauben erzogen, der seit Generationen der Glaube ihrer Vorfahren war. Diese Erziehung prägte sie emotional und geistig. Ihr Vater, ein Lehrer, brach mit der strenggläubigen Tradition seiner Gemeinschaft, Mädchen und Frauen von jeglicher geistigen Tätigkeit auszuschließen. Er schickte seine Tochter auf eine höhere Schule und ermöglichte ihr das Studium an der Universität in Paris. Dort schloss sie sich 1956 einer Gruppe von algerischen Studierenden an, die im Untergrund für die Unabhängigkeit von Algerien kämpften. Assia Djebars Leben und Werk sind von Anfang an von Widerstand geprägt: Widerstand gegen die Kolonialmacht, Widerstand gegen die Übermacht des Staates nach der Unabhängigkeit Algeriens und Widerstand gegen den religiösen Fundamentalismus. Aber allen voran steht ihr Widerstand gegen die »*fast lückenlose Unterdrückung des weiblichen Geschlechts*«. Sie schrieb: »*Ich stamme aus einer Gesellschaft, wo die Beziehung zwischen Mann und Frau außerhalb der Familie von so viel Härte und Schroffheit geprägt ist, dass es einem die Sprache verschlägt*«. Sie wurde Schriftstellerin, um die Frauen aus dem »*Halbschatten der traditionellen Häuser in das Licht hinauszuführen*« und als gleichberechtigte Partnerinnen neben die Männer zu stellen. Ihr Oeuvre umfasst Erzählungen, historische Romane, Zeitungsartikel und Drehbücher für Filme. Diese Vielseitigkeit ist das Ergebnis ihres unbedingten Freiheitsdrangs:

> *Für mich ist die alle erste der Freiheiten, die Freiheit, sich zu bewegen, unterwegs zu sein, die immer wieder überraschende Möglichkeit, über sein Kommen und Gehen zu bestimmen, von drinnen nach draußen, vom privaten in den öffentlichen Raum und umgekehrt*«, schrieb sie.

Und für diese Freiheit, die sie mit unermüdlicher Energie und Kraftaufwand für sich erreichte, kämpfte sie auch für ihre Geschlechtsgenossinnen in Algerien und in anderen Ländern, wo Frauen eingesperrt und unterdrückt werden. Ihre Bücher *Die Ungeduldigen*, *Die Zweifelnden*, *Die Schattenkönigin* oder *Die Frauen von Algier* – um nur einige Titel zu nennen – trugen wesentlich dazu bei, dass die algerischen Frauen zu den wichtigsten Kräften der Demokratiebewegung wurden. Seit 1989 – erst in diesem Jahr wurden unabhängige Frauenorganisationen in Algerien zugelassen – engagieren sich Frauenverbände für die juristischen und politischen Rechte der Frau sowie für Reformen auf sozialer, wirtschaftlicher und bildungspolitischer Ebene.

Die hoffnungsvolle Zeit mit freien Wahlen endete jedoch abrupt 1991, als das Militär die radikale islamistische Partei, die die Wahl gewonnen hatte, nicht zur Regierungsbildung zuließ. 1992 begann das Morden durch terroristische islamische Gruppen, dem auch viele Intellektuelle zum Opfer fielen. Assia Djebar war besonders gefährdet und musste endgültig ihr Heimatland verlassen. Ein Land, das seine Intellektuellen ermordet oder ins Exil treibt, sagte sie, steht am Abgrund seiner Geschichte. Assia Djebar starb am 6. Februar 2015 in Paris, ihr Leichnam wurde in ihrer Geburtsstadt Cherchell überführt.

Fazit

»*Es liegt am Menschen und nicht an einem dunklen Verhängnis, was aus ihm wird*«, schrieb Karl Jaspers im Vorwort zu Hannah Arendts Buch *Elemente und Ursprünge totaler Herrschaft*, in dem die Autorin die Unterdrückungsmechanismen der modernen totalitär regierten Staaten analysiert. Nach Hannah Arendts Erkenntnis brauchen totalitäre Bewegungen, um an die Macht kommen zu können, nicht nur eine besondere historische Begebenheit, sondern auch die kritiklose Ergebenheit und Gefolgschaft der Gesellschaftsmitglieder. Manche Diktaturen erlangen während ihrer Herrschaft echte Popularität bei den von ihnen unterdrückten Massen, die Kritik und Widerstand Andersdenkender innerhalb des Systems fast unmöglich macht. Hannah Arendt sieht den Hauptgrund für die Anziehungskraft solcher Regime im 20. Jahrhundert in der Erfahrung der Verlassenheit in modernen Gesellschaften als Grunderfahrung von menschlichem Zusammensein. Diesen Zustand der Verlassenheit nutzen Initiatoren und Führer totalitärer Bewegungen zu ihren Zwecken aus, in dem sie in den Menschen ein Gemeinschaftsgefühl für Ziele wecken, die von diesen kritiklos befolgt werden:

> *Das eiserne Band des Terrors, mit dem der totalitären Herrschaftsapparat die von ihm organisierten Massen in eine entfesselte Bewegung reißt, erscheint als ein letzter Halt und die eiskalte Logik, mit*

der totalitäre Gewalthaber ihre Anhänger auf das Ärgste vorbereiten, als das einzige, worauf wenigstens noch Verlass ist.

Die Frage, warum totalitäre Bewegungen auch viele Intellektuelle, die andere Gesellschaftsmitglieder eventuell vor den Folgen der Machtübernahme undemokratischer Gruppierungen warnen könnten, in ihren Bann ziehen, bleibt allerdings auch von Hannah Arendt unbeantwortet. Das Erschreckende an dem »Verrat« dieser Intellektuellen ist vor allem die Tatsache, dass dieser Teil der geistigen und künstlerischen Elite das Leben und die Arbeit derjenigen Intellektuellen ungemein erschweren, die an ihrer traditionellen Rolle als »klagende Klasse« auch in Diktaturen mehr oder weniger festhalten und ihre geistige Unabhängigkeit bewahren wollen. Dass trotz erschwerter Bedingungen ein schmaler Grat zwischen Anbiederung und Kritik auch in totalitären Systemen möglich bleibt, sollte das hier aufgezeigte Verhalten der Schriftstellerinnen aus Deutschland, Ungarn und Algerien zeigen.

Hannah Arendt (1906-1975) war eine deutsch-jüdische Philosophin und Publizistin. Sie studierte Philosophie, protestantische Theologie und griechische Philologie an den Universitäten Marburg, Freiburg und Heidelberg und promovierte 1928 bei Karl Jaspers. Neben ihrer publizistischen Tätigkeit forschte sie über das Problem der deutsch-jüdischen Assimilation, exemplifiziert an dem Leben der berühmten Salonière **Rahel Varnhagen** (1771–1833). 1933 gelang ihr nach einer kurzen Inhaftierung die Flucht nach Frankreich, wo sie für die französische Abteilung der jüdischen Jugendorganisation arbeitete. 1941 emigrierte sie in die USA und lebte mit ihrem Mann **Heinrich Blücher** (1899–1970) in New York. Sie war

Hannah Arendt als Studentin, 1924

unter anderem als Journalistin sowie Dozentin an amerikanischen Universitäten tätig und veröffentlichte wichtige Aufsätze zur politischen Philosophie. In Amerika entstand ihr Hauptwerk *Elemente und Ursprünge* totaler Herrschaft, das 1951 in englischer Sprache und vier Jahre später auch in Deutschland, übersetzt und ergänzt durch die Autorin, erschien. Mit ihrem Doktorvater **Karl Jaspers** (1883–1969) verband Hannah Arendt eine lebenslange Freundschaft. Ihre umfangreiche Korrespondenz wurde 1985 beim Piper Verlag veröffentlicht. Seit Anfang der 1950er Jahre reiste sie mehrmals nach Europa und hielt Vorträge an vielen Universitäten u.a. in Zürich (1958), Hamburg und Paris (1959). Sie war seit 1958 Mitglied der *Deutschen Akademie für Sprache und Dichtung* in Darmstadt und erhielt 1961 den *Sigmund-Freud-Preis für wissenschaftliche Prosa*. Hannah Arendt zeigte immer wieder persönlichen Mut z. B. durch ihre praktischen Tätigkeiten für jüdische Organisationen während der Zeit des Nationalsozialismus. Von ihrer Zivilcourage waren nicht nur ihre Freunde, sondern auch ihre Feinde beeindruckt. Sie starb am 4. Dezember 1975 durch einen Herzinfarkt in ihrer New Yorker Wohnung.

2. Teil: Frauenportraits

Caroline Schulz (1801 – 1847) – eine Darmstädterin im Züricher Exil

In der Silvesternacht des Jahres 1834 wartete Caroline Schulz (1801–1847) in Darmstadt ungeduldig auf das verabredete Zeichen über die geglückte Flucht ihres Mannes aus dem Babenhäuser Gefängnis, um sich selbst auf den Weg Richtung Süden zu begeben. Als die gute Botschaft endlich eintraf, blieb ihr nur eine kurze Zeit zum heimlichen Aufbruch, um nicht in die Hände der Polizei zu fallen. An einem verabredeten Ort trafen sich die beiden Flüchtenden und gemeinsam eilten sie über die Pfalz zur französischen Grenze bei Weißenburg/Wissembourg, um den Häschern zu entkommen.

Die Geschichte der gelungenen Flucht des Ehepaars Schulz kann man in ihrem Buch *Briefwechsel eines Staatsgefangenen* und seiner Befreierin nachlesen. Das Werk, das 1845 in Hottingen bei Zürich fertiggestellt wurde, enthält echte und nachträglich geschriebene Briefe und Gedichte von Caroline und Wilhelm. Die Texte zeigen uns eine mutige, humorvolle Frau, die mit eigenen Ideen und großer List die Flucht geplant und durchgeführt hatte. Im Vorwort drückt Wilhelm seine Anerkennung und seinen Dank an seine Frau mit folgenden Worten aus:

> *Zu allen Zeiten ist die Liebe die einzige und wahre Befreierin. Mir auch hat die Liebe einer treuen Gattin, die mir freudigen Mutes in die Verbannung gefolgt ist, die Mittel der Erlösung verschafft. Darum darf ich mich doppelt glücklich schätzen.*

Und zu der gemeinsamen Arbeit schrieb er:

> *Und wie Mann und Frau schon 1834, als es bei der Befreiung aus dem Gefängnis galt, unter einer Decke gespielt haben, so auch unter der Decke dieses*

Buchs. In der größeren männlichen, wie in der kleineren weiblichen Hälfte, spiegelt sich unsere Stimmung aus jener Zeit treu ab. Diese Stimmung war vorherrschend eine heitere, denn wir gaben nie die Hoffnung einer baldigen Erlösung auf. Doch würde uns ein Publikum besonders erwünscht sein, das im flüchtigen Spott, die Liebe zum Vaterland erkennt, das in der springenden Laune den Ernst eines bewegten Lebens nicht vermisst, das im Scherz wohl auch den bitteren Schmerz zu finden weiß.

Der Fluchtplan bildet nur den Rahmen des »Briefwechsels«, viel mehr enthält das Werk, das 1846 im Mannheimer Verlag Bassermann erschien, Erinnerungen, politische Stellungsnahmen und viel Persönliches. Hier würde es zu weit führen, noch weitere interessante Textstellen aus dem Buch zu zitieren. Uns interessiert an dieser Stelle, was Caroline über die sogenannten »Frauenfrage« ihrer Zeit schreibt:

Du sagst, dass künftig das Heil, auch für das Familienleben und die Stellung der Frauen, vom Staat ausgehen müsse. Indes könnte recht wohl einstweilen etwas getan und vorgearbeitet werden. Durch die weibliche Erziehung; damit das Leben der Frauen, das bei so vielen gedankenlos verstrickt, verstickt und verdämmert wird, wenigstens ein durch höhere Interessen, durch geistige Nahrung a n g e r e g t e r e s würde. Wir wollen keine gelehrten Frauen, sagen die Männer. Hierin haben sie recht: auch hat es damit wenig Gefahr: mit der Gelehrsamkeit geht's nicht so schnell, und kommt darauf überhaupt nicht an; aber doch auf den Sinn für das, was im Reich des Geistes sich bewegt; auf eine r e g e l e b e n d i g e T e i l n a h m e an allem, was Bedeutung hat in dem sich mehr und mehr erweiternden Reich, das die Religion und den gesellschaftlichen Zustand, das Kunst, Natur und Geschichte, v o r A l l e m a b e r d i e m a n n i g f a l t i g e n E r s c h e i n u n g e n d e s L e b e n s u n d T r e i b e n s d e r j e t z i g e n Z e i t i n s i c h f a s s t.
[Hervorhebungen in Original, AS]

Wer war diese Darmstädterin, die Zeitgenossen in ihren Erinnerungen, als hochbegabte, intelligente und einfühlsame Partnerin von Wilhelm Schulz beschrieben?

Caroline Sartorius wurde als Tochter des Gymnasialprofessor Ernst Ludwig Sartorius und seiner Ehefrau Louise Dorothea geb. Heumann am 22. April 1801 in Darmstadt geboren. Ob sie eine Schule besuchte, wissen wir nicht. Vermutlich wurde sie zu Hause unterrichtet, wie es damals in bürgerlichen Familien üblich war. Durch einen Cousin, ein Mitglied der Darmstädter Schwarzen, die sich an der Petitionsbewegung für eine Verfassung im Großherzogtum Hessen beteiligten, lernte Caroline den Journalisten Wilhelm Schulz kennen, mit dem sie sich am 1. Mai 1819 verlobte. Erst nach einer zehnjährigen Verlobungszeit konnten die beiden heiraten, nachdem Schulz mit der Gründung der Wochenzeitung *Morgenblatt für Freunde gebildeter Unterhaltung* auf eine finanzielle Basis für die Ehe hoffte.

Der Radikaldemokrat **Wilhelm Schulz** (1797–1860), »der Mann, der Marx die Ideen gab« (Walter Grab), war ein Vorkämpfer für die Reformierung der bestehenden Gesellschaft. Sein Landsmann **Georg Büchner** (1813–1837), der im Frühjahr 1835 vor der drohenden Verhaftung ebenfalls flüchten musste, las seine Schriften bereits in seiner Gießener Studienzeit. Im Straßburger Exil lernte er das Ehepaar Schulz auch persönlich kennen: »*Schulz und seine Frau gefallen mir sehr gut*«, schrieb er an die Familie nach Darmstadt und teilte gleich auch mit, dass sich die Freunde im nächsten Jahr in Zürich niederlassen wollten, wo die »*Verhältnisse der politischen Flüchtlinge [...] keineswegs so schlecht*« seien.

Nach einer Odyssee durch mehrere Aufenthaltsorte in Frankreich kamen Caroline und Wilhelm Schulz im September 1836 in Zürich an und mieteten eine Wohnung in der Spiegelgasse 12. Besitzer des Hauses war der Arzt und Regierungsrat Ulrich Zehnder, ein Politiker, der in seinem Haus zahlreiche deutsche Flüchtlinge aufnahm. Wenig später traf auch Georg Büchner in Zürich ein, der eine Einladung der Universität zur Habilitation erhalten hatte.

71

Auch er fand im Haus von Zehnder neben der Wohnung der Darmstädter Freunde eine Unterkunft. Als er Mitte Januar 1837 schwer erkrankte, pflegte ihn Caroline. Dank ihres Berichts, den sie vermutlich für die Familie in Darmstadt verfasste, sind wir über Krankheitsverlauf und Tod des genialen Dichters gut informiert.

Sechs Wochen nach Büchners Tod, am 7. April 1837, gaben Caroline und Wilhelm Schulz ihre Wohnung in der Zürcher Spiegelgasse auf und zogen in den Vorort Hottingen, wo sie in der Gemeindegasse eine bequeme Wohnung fanden. Das Ehepaar führte ein geselliges Leben, Freunde wie **Gottfried Keller**, **Julius Fröbel** (ein Neffe des Kindergartenpädagogen Friedrich Fröbel) sowie die Ehepaare **Herwegh** und **Freiligrath** waren bei ihnen häufige Gäste. Eine besondere Zuneigung empfand Caroline zu Emma Herwegh, der späteren Heldin der ersten Badischen Revolution (1848). Legendär ist auch ein großes Fest am Weihnachten 1845 in der Wohnung der Schulzens, wozu Caroline zahlreiche Freunde, Emigranten wie sie, eingeladen hatte.

Als 1839 die meisten politischen Häftlinge, die in die revolutionäre Bewegung des Hessen-Darmstädtischen Großherzogtums verwickelt waren, amnestiert wurden, richtete Caroline als »alleruntertänigste Dienerin« an den Großherzog ein Gesuch, in dem sie in »tiefster Ehrfurcht« darum bat, zum Besuch ihrer in Darmstadt lebenden Verwandten einreisen zu dürfen. Sie wollte vor allem ihre ältere Schwester Wilhelmine wiedersehen, die mit dem Juristen und Staatsbeamten Konrad Hallwachs verheiratet war. Das Gesuch wurde »gnädigst« bewilligt. Es wird über einen weiteren Besuch von Caroline Schulz in Darmstadt im Herbst 1846 berichtet. Auch wenn sie Heimweh nach ihrer Geburtsstadt hatte, wollte sie nicht mehr nach Deutschland zurückkehren:

»Es wäre hier kein Boden für uns, davon überzeuge ich mich aufs Neue. Wenn es auch in mancher Hinsicht besser geworden ist, so fehlt ein reger, lebendiger Sinn für das, was unsere Hauptinteressen sind« – schrieb sie aus Darmstadt an die Freundin Ida Freiligrath.

Aus Darmstadt kehrte Caroline Schulz bereits krank nach Zürich zurück, und musste mehrere Monate lang das Bett hüten. Anfang Januar verschlechterte sich ihr Zustand und sie starb 46jährig am 29. Januar 1847. Gottfried Keller berichtete an Ida und Ferdinand Freiligrath über den Tod der gemeinsamen Freundin:

> *Schulz trägt mir auf, für ihn an Dich und Deine verehrteste Frau zu schreiben: Freitag den 29. Januar nachmittags starb seine Frau, und am 1. Februar trugen wir sie zu Grabe auf den Neumünsterkirchhof. Ihr Haupt liegt gegen Osten gewendet, und ihr zur Seite südlich herum bis gegen Westen schaut die ferne Alpenkette auf das »kühle Bett« der lieben Frau. Obgleich schon seit vielen Wochen die Ärzte die Achsel zuckten und zuletzt ziemlich bestimmt das Ende ankündigten, wenn man sie unter vier Augen befragte, so macht doch der Tod der Frau Schulz auf uns alle den Eindruck eines plötzlich und hart hereingebrochenen Unglückes.*

Als Darmstädter Abgeordneter reiste Wilhelm Schulz ein Jahr später nach Frankfurt, um an den Debatten der Nationalversammlung in der Frankfurter Paulskirche teilzunehmen. Nach der Auflösung der Nationalversammlung und dem Sieg der Reaktion kehrte er nach Zürich zurück, wo er 1860 starb. Seine zweite Ehefrau, Katharina Schulz-Bodmer verbrannte nach dem Tod ihres Mannes aus seinem Nachlass »alles Schriftliche«. Ein großer Verlust für die Forschung, da mit der Vernichtung des Nachlasses vermutlich auch wertvolle Informationen über Caroline und Wilhelm Schulz verloren gingen.

Luise Büchner in Zürich im Jahre 1875

»Zürich, wohin ich immer mit Schmerz und Wehmut dachte«, schrieb die Darmstädter Schriftstellerin und Frauenrechtlerin Luise Büchner (1821- 1877) über die Schweizer Stadt, die für sie ein Ort der Trauer und Freude zugleich war. Trauer wegen der Erinnerung an ihren Bruder Georg, der im Februar 1837 nach einem erfolgreichen Start als Professor an der Zürcher Universität mit nur 23 Jahren plötzlich starb. Freude, weil sie in Zürich die ersten weiblichen Studierenden treffen konnte.

Wann Luise Büchner die Schweizer Stadt am Zürichsee zum ersten Mal besuchte, wissen wir nicht genau. Im Gedicht *Am Grab des Bruders*, das sie 1862 in ihrem Gedichtband Frauenherz veröffentlichte, heißt es:

> *Nach langem, langem Sehnen/An deinem Grab ich stand,/Nach vielen, bitt'ren Thränen/Sah ich dies Stückchen Land,/Das Alles kalt* bedecket,/Woran voll Zärtlichkeit,/Seit Leben ihm erwecket,/Das Kind hing allezeit!...

Der Gedichtband enthält auch ein Gedicht mit dem Titel *Die Zürcher Glocken*, das zeigt, wie beeindruckt die Darmstädterin von der Landschaft um den Zürichsee war, eine Landschaft, welche in ihrer Trauer auch Trost spendete:

> *O, du wunderbarer grüner See, im schönen Schweizerland,/Wie so lieblich sich die stolze Zürich schmiegt an deinen Rand!/Hüben sanfte Rebenhügel/Hingestreut wie ein Idyll,/Drüben majestät'sche Alpen,/Schneebedecket, ernst und still./Wie ein Mann ruhst du dazwischen,/Dem ein Zaub'rer Alles lieh,/Tiefsten Ernst und Morgenfrische,/Frohe, starke Poesie./Lächelst in so holder Schöne – Fast Vergessen mich umstrickt,/Daß mir von den grünen Höhen/Auch ein Grab entgegen blickt...*

Im Sommer 1875 nahm Luise Büchner zusammen mit ihren Brüdern Wilhelm und Ludwig an einer Gedenkfeier teil, die anlässlich der Verlegung des Grabes ihres Bruders aus Zürichs Innenstadt auf den »Germaniahügel« stattgefunden hatte. In ihrem Artikel *Eine Woche in Zürich*, der im Presseorgan des Lette-Verbandes, *Der Frauen-Anwalt* erschien (1/1876), schilderte sie nicht nur diese ergreifende Feier, sondern auch ihre Begegnungen mit Studentinnen an der Züricher Universität. Sie ist erfreut darüber, welche rasante Entwicklung die sogenannte »Frauenfrage« in der Schweiz genommen hat, und erinnert sich an ihre Begegnungen mit der Züricher Institutsvorsteherin und Schriftstellerin **Josephine Stadlin** (1806–1875), die es als erste Frau »vor 15 bis 16 Jahren« wagte,

> *die Schranken des Herkommens zu durchbrechen und die Vorlesungen des Ästhetikers Vischer zu besuchen. Darob entstand schon unter den gelehrten Häuptern ein gewaltiges Schütteln des Kopfes, aber man duldete es; als nun jedoch die Jungfer Stadlin gar die Verwegenheit hatte, die anatomischen Vorlesungen besuchen zu wollen, brach die Gluth zur hellen Lohe aus und eine Entrüstung wurde laut, , welche die durchaus nicht mehr jugendliche Stadlin auf immer von dem Tempel der Wissenschaft hinwegscheute. Aus ihrem eigenen Munde vernahm ich damals, wie hart man sie angegangen [wurde] – und nun – kaum sind fünfzehn Jahre vorüber, and the battle is won!.*

Bei dem Treffen der beiden Frauen um 1860 dürfte übrigens auch die Rede von Luises Bruder, Georg gewesen sein, der im Februar 1837 im Haus des Arztes und Politikers **Hans Ulrich Zehnder** starb. Wenige Jahre später heiratete Josefine Stadlin den verwitweten Zehnder. Sie lernte den genialen deutsche Dichter zwar nicht mehr kennen, aber kannte mit Sicherheit sein Schicksal aus erster Hand.

Zur Zeit von Luise Büchners Besuch im Jahre 1875 studierten bereits zahlreiche Frauen aus Russland, Deutschland und natürlich auch viele Schweizerinnen an der

Züricher Universität vor allem Medizin, aber auch andere Fächer. In ihrem Artikel berichtet die Darmstädter Frauenrechtlerin über ihre Begegnungen mit einigen von ihnen. Begeistert schrieb sie über ihren Besuch im Haus der ersten Schweizer Ärztin, Marie Heim- Vögtlin, die nach dem erfolgreichen Abschluss ihres Studiums bereits eine eigene Praxis in Zürich-Hottingen führte.

Wie anders stand es zur gleichen Zeit mit dem Frauenstudium an deutschen Universitäten! Die Darmstädter Frauenrechtlerin zitiert in ihrem Artikel die Behauptungen eines deutschen Professors über das Medizinstudium von Frauen, der in einem Vortrag sagte,

für die kurze Zeit unserer Lebensdauer es kaum angemessen und nicht der Mühe wert sein dürfte, unsere Frauen vermeintlich vollkommener zu machen, als sie bereits sind. Nach Jahrtausenden will er sich die Sache eher gefallen lassen, denn er meint, a l l e s , w a s s o i s t , w i e e s s e i n s o l l , m u ß s o b l e i b e n , w i e e s i s t [Hervorhebung von LB]. *Ein schöner Grundsatz,* schrieb Luise Büchner weiter, *von dem nur zu bedauern, dass ihn nicht schon Adam und Eva im Paradiese gekannt und befolgt, der bewusste Apfel s o l l t e ja am Baume hängen bleiben, aber er blieb nicht, und wird auch unsere Generation schwerlich noch einige Jahrtausende warten, um Begünstigungen zu erstreben, die ihr begehrenswert erscheinen.*

Georg Büchners Schwester war keine radikale Frauenrechtlerin. Es war ihr bewusst, dass die Gleichstellung der Geschlechter in Ausbildung und Beruf einen langen Atem braucht und die Zulassung der Frauen zu höheren Bildungsinstitutionen zu jeder Zeit auch widerrufen werden kann. Deshalb ihre Mahnung:

Das Prinzip des Frauenstudiums kann nur durch die strengste Beachtung gebildeter Formen und sittlichen Wohlanstandes zu einem durchschlagenden gemacht werden, dies dürfen die Studentinnen keinen Augenblick vergessen, wenn sie denen, die nach ihnen kommen, nicht alles verderben wollen.

Nicht auf das, was geschieht, sondern wie es geschieht, kommt es zumeist an.

Sie kritisierte in ihrem Artikel auch die Meinung vieler deutschen Professoren, es lohne für Frauen die langen Studienjahre nicht, da sie als Ärztinnen die Konkurrenz mit ihren männlichen Kollegen sowieso nicht bestehen und ihre Praxis nach kurzer Zeit aufgeben würden. Luise Büchner, die drei Jahre zuvor einen den ersten Berufsratgeber für Mädchen herausgab, entgegnete: Frauen als Ärztinnen werden *»mehr als beim Stricken und Nähen wohl dabei verdienen«,* und *»man darf den Berichten von Amerika trauen, die aus glaubwürdigen Quellen fließen, so praktizieren dort Ärztinnen, die jährlich 20.000 Dollars und noch darüber verdienen.«* Also sollten sich die Professoren keine Sorgen zu machen, dass sich das Studium der Frauen nicht lohne, zumal sich

dem wissenschaftlichen Studium immer nur solche Frauen und Mädchen widmen werden, deren besondere Verstandesbildung sie dazu hindrängt. Den weniger Begabten öffnen sich eine Menge anderer, bequemerer Berufsarten, und es wird die Sache der Eltern und Erzieher sein, sie hier auf den

« 2466 Zürich - Polytechnikum-Universität

rechten Weg zu lenken, wie man weniger begabten Knaben ja auch mehr und mehr vom Studium zurückhalten sucht.

Die Darmstädter Frauenrechtlerin widersprach auch dem oft gehörten Argument vieler Männer, eine höhere Bildung der Frauen und die Ausübung eines qualifizierten Berufs die »weibliche Reize« mindere und die Heiratschancen der Mädchen verschlechtere. Sie erinnerte *»an unsere liebenswürdige Freundin in Berlin, welche sich mit gutem Erfolg in der zahnärztlichen Praxis bewährt, ohne dass sie darum ihren weiblichen Beruf auf immer zu entsagen brauchte.«* Es handelt sich um Deutschlands erste Zahnärztin, **Henriette Tiburtius, geb. Pagelsen** (1834–1911), die nach ihrem Studium in Amerika 1869 eine gutgehende Zahnarztpraxis in Berlin eröffnet hatte. Ihre Schwägerin, **Franziska Tiburtius** (1843–1927) hatte ihr Medizinstudium in Zürich kurz vor Luise Büchners Besuch erfolgreich abgeschlossen. Sie schrieb über sie:

> *Ein einziger Blick in dieses geistvolle Gesicht mit den großen, dunkelgrauen Augen, auch die hohe, kräftige Gestalt, die weibliche Freiheit der Sprache, wie des Benehmens, und wahrlich, ich musste mir sagen, schon die bloße Erscheinung einer solchen Frau am Krankenbett hat etwas Beruhigendes und höchst Wohltuendes.*

Luise Büchner traf während ihres Aufenthaltes in Zürich, nicht nur Medizinstudentinnen, sondern auch angehende Mathematikerinnen, Philosophinnen, Historikerinnen. Sie berichtete in ihrem Artikel über die Bekanntschaft einer jungen Frau aus Deutschland, die sie um ihren Rat bat, ob sie ihr Studium der Philologie bis zur Promotion fortsetzen solle.

> *Ich bejahte die Frage mit vollster Überzeugung, denn hält man einmal bei uns an dem Grundsatz fest, an den höheren Klassen der Töchterschulen, sowie an den ja nun hoffentlich in genügender Anzahl zu errichtenden Seminaren für Lehrerinnen, hauptsächlich akademisch gebildete Lehrer zu verwenden, so*

wird man keinen Abstand haben, zum Unterricht von Mädchen akademisch gebildete Lehrerinnen heranzuziehen. Gerade hier liegt für intelligente und höher gebildete Frauen ein großes Arbeits- und Erwerbsfeld; auch der prüdeste Verstand wird ja keinen Anstoß an dem weiblichen, akademischen Studium der Physik, Chemie, Geologie, Zoologie, wie an dem der Geschichte, Mathematik u.a. nehmen.

Luise Büchner war überzeugt, dass die Zulassung zu den Universitäten von Frauen bald auch in Deutschland möglich werde und deshalb ermunterte sie ihre Leserinnen mit den Worten: *»Nur immer voran, ihr jugendlichen Streberinnen auf den höheren Gebieten des Wissens! Jetzt sind es nur noch Wenige, in zehn Jahren werden sie nach Hunderten zählen!«* Ihr Optimismus war allerdings verfrüht: In den meisten deutschen Ländern mussten Frauen bis 1908 warten, um als regulärer Studentinnen eine Universität besuchen zu dürfen.

Während ihres Aufenthaltes in der »schönen Schweizerstadt« sammelte die berühmte Frau aus Darmstadt auch Informationen über die Schulpflicht in der Schweiz und die Unterrichtspläne der unteren und höheren Mädchenschulen. Sie war beeindruckt von der raschen Verwirklichung der pädagogischen Konzepte von Pestalozzi und von der positiven Meinung der Universitätsprofessoren über die gute Leistung ihrer Studentinnen.

Die begeisterte Besucherin aus Darmstadt beendete ihren zweiteiligen Artikel in der Berliner Zeitschrift *Frauen-Anwalt* mit dem Satz: *»Leb wohl du schöne Schweizerstadt, die ich noch einmal wiedersehen hoffe!«*. Dieser Wunsch ist nicht in Erfüllung gegangen: Die hochverehrte Frauenrechtlerin und Schriftstellerin starb am

28. November 1877 in Darmstadt ohne Zürich wiedergesehen zu haben. Das Grab ihres Bruders, das sich heute
noch im Originalzustand unmittelbar neben der Berghal-
testelle der im Jahre 1901 in Betrieb genommenen Seil-
bahn Rigiblick befindet, wird bis heute von Bewunderern
des jung verstorbenen genialen Dichters besucht. Alljähr-
lich wird an seinem Geburtstag (13. Oktober) ein frischer
Kranz durch Delegierte aus seinem hessischen Geburtsstadt Goddelau auf das Grab gelegt.

Fanny Lewald (1811–1889) – Schriftstellerin, Frauenrechtlerin, Humanistin

Fanny Lewald, verheiratete Stahr, war im 19. Jahrhundert eine der erfolgreichsten Schriftstellerinnen in Deutschland. Neben ihrer Tätigkeit als Verfasserin von Romanen und Reisebeschreibungensetzte sich die »deutsche George Sand« – wie sie von einigen Zeitgenossen und Zeitgenossinnen genannt wurde – in vielen ihrer Schriften für die Emanzipation des Bürgertums, der Juden und der Frauen ein. Sie war mit vielen Geistesgrößen der Zeit befreundet. Zu ihren Vertrauten gehörten zum Beispiel die Schriftstellerin Therese Bacheracht, die Komponistin Johanna Kinkel, der Dichter Heinrich  Heine, der Klaviervirtuose Franz Liszt und der linksliberale Politiker Johann Jacoby, um nur einige zu nennen. Lewalds Erzählungen und Feuilletons erschienen regelmäßig in renommierten Zeitungen und um die Herausgabe ihrer Romanewetteiferten große Verlage. So schrieb ihr der Leipziger Verleger Brockhaus einmal: *»Mein gutes Fräulein, bei uns muss ein guter Roman von Ihnen drei andere schlechte von anderen Autoren übertragen.«*

Fanny Lewald wurde am 24. März 1811 als ältestes Kind des jüdischen Bankiers David Marcus und seiner Frau Zipora in Königsberg geboren. Sie war in der Familie höchst willkommen, was bei einer Tochter damals nicht immer der Fall war: Die meisten Eltern wünschten sich als Erstgeborene kein weibliches Kind, Fannys Eltern dagegen freuten sich über das Töchterlein. *»Noch in späteren Jahren pflegte mein Vater wohl gelegentlich meinen Kopf in seine Hände zu nehmen, und wenn er mich küsste, dazu sehr zärtlich, ‚mein ältestes Kind!‘ zu sagen«*, schrieb Fanny Lewald in ihrer Autobiografie. Wie viele ihrer Zeitgenossinnen, die im 19. Jahrhundert die ersten Schritte in Richtung eines selbstbestimmten Lebens wagten, war für Fanny eher der Vater als die Mutter ein Vorbild. Trotz Differenzen in vielen Lebensfragen hing sie an ihm mit inniger Liebe bis zu seinem Lebensende. 1831 ließ sich die Familie Marcus taufen und nahm den Namen Lewald an. Fanny hatte allerdings weder zu der jüdischen noch der protestantischen Religion eine engere Beziehung. Wie Heinrich Heine, den sie 1848 in Paris auch persönlich kennenlernte, betrachtete sie die Konversion lediglich als »Entréebillett« zur europäischen Kultur.

Die Schulzeit endete für Fanny, wie für die meisten Mädchen ihrer Zeit, bereits im dreizehnten Lebensjahr. Während ihre jüngeren Brüder das Gymnasium besuchten und anschließend studierten, musste sie im Alter von neun Jahren die kleineren Geschwister hüten und im Haushalt mithelfen. Statt Bücher zu lesen und sich weiterzubilden, backte sie Brot und Kuchen, kochte Speisen ein, nähte und strickte. Die Empörung über diese Ungerechtigkeit in der Erziehung begleitete sie lebenslang: »Ich gehe [...] soweit zu behaupten, dass diejenigen Eltern, die Gelegenheit haben, ihre Töchter in eine gute Schule zu schicken, und es nicht tun, ein Unrecht an ihnen begehen, denn sie berauben sie des größten Reizes der Kindheit«, schrieb sie in einem ihrer noch anonym veröffentlichten Zeitungsartikel über die Mädchenerziehung ihrer Zeit.

Als der Vater, der sich um die Versorgung seiner Töchter große Sorgen machte, Fanny einem Geschäftsfreund als möglichen Ehemann präsentierte, lehnte sie die zu ihrer Zeit übliche sogenannte Konvenienzehe ab: »Ich hasse die Ehe nicht«, ließ sie eine ihrer Romanheldinnen sagen, »im Gegenteil, ich halte sie so hoch, dass ich sie und zugleich mich zu erniedrigen fürchte, wenn ich dies heilige Band knüpfte, ohne dass mein Gefühl Teil daran hätte«.

Die Ablehnung der damals üblichen arrangierten Ehen war im 19. Jahrhundert ein vieldiskutiertes Thema, an dem sich viele der ersten Frauenrechtlerinnen, unter anderen auch die Darmstädterinnen **Louise Dittmar** und **Luise Büchner**, beteiligten. Diese Debatten waren nicht selten mit Diskussionen über das Recht auf Ehescheidung, die zu dieser Zeit nur in Ausnahmefällen erlaubt war, verknüpft. Fanny Lewald plädierte bereits in ihren ersten Veröffentlichungen dafür, Ehescheidungen bei mangelnder Liebe und fehlendem Respekt unter den Eheleuten durch die Gesetzgebung möglich zu machen. Sie ahnte damals nicht, wie sehr dieses Thema sie später auch persönlich betreffen würde: In ihrem 34. Lebensjahr lernte sie in Italien ihre große Liebe, den Philologen **Adolf Stahr** kennen, der bereits verheiratet und Vater mehrerer Kinder war. Die beiden konnten erst 1854, viele Jahre nach ihrer ersten Begegnung in Rom, mit einer fürstlichen Genehmigung heiraten.

Fanny Lewald hatte von frühester Kindheit an Sehnsucht nach Selbstständigkeit und Selbstverantwortung, ein Wunsch, der für Frauen der damaligen Zeit in der Regel unerfüllt blieb: »*Während man es für einen jungen Mann als eine Sache der Ehre ansieht, sich sein Brot zu erwerben, betrachtet man es als eine Art von Schande, die Töchter ein Gleiches tun zu lassen!*« Ähnliches fühlte und schrieb ihre zehn Jahre jüngere Zeitgenossin Luise Büchner (1821–1877). Aus der eigenen Lebenserfahrung heraus kämpften beide Frauen lebenslang für eine bessere Schulbildung für Mädchen und den Zugang der Frauen zu qualifizierten Berufen.

Nachdem ein Verwandter Fannys außergewöhnliche Begabung zum Schreiben erkannt hatte und sie ermunterte, ihre Texte zu veröffentlichen, erschienen ab 1840 ihre ersten Erzählungen und Romane, allerdings auf Wunsch des Vaters vorerst anonym. Ermutigt durch den Erfolg, den sie erzielten, baute sich Fanny Lewald bald mit großem Fleiß eine selbstständige Existenz als Schriftstellerin auf. Anfang 1845 mietete sie in Berlin eine eigene Wohnung, lernte andere Schriftsteller und Schriftstellerinnen kennen, wurde ein gern gesehener Gast in den Salons der **Henriette Herz** und **Sarah Levy** und besuchte häufig die musikalischen Matineen von **Fanny Hensel**. Dort lernte sie auch den umschwärmten Klaviervirtuosen und Komponisten Franz Liszt kennen, über den sie nach seinem Tod im Jahre 1887 einen der einfühlsamsten Nekrologe verfasste.

Mit ihren Romanen und Erzählungen verdiente Fanny Lewald bald so viel eigenes Geld, dass sie sich längere

Reisen ins europäische Ausland leisten konnte. Im Herbst 1845 brach sie nach Italien auf, das zu dieser Zeit der Sehnsuchtsort vieler Deutscher war. In Genua, Florenz und Rom machte sie die Bekanntschaft zahlreicher Künstlerinnen und Künstler, die sie in ihrem Reisetagebuch, das ein Jahr später veröffentlicht wurde, portraitierte.

Im Frühjahr 1848 fuhr sie nach Paris, um die Folgen der Februarrevolution aus nächster Nähe zu beobachten. Dort besuchte sie den schwerkranken Heinrich Heine, um seine Meinung über die gesellschaftliche Entwicklung in Frankreich und Deutschland zu hören. Zu ihrem Bedauern lernte sie weder im Jahre 1848 noch bei ihren späteren Besuchen in Paris die bewunderte Schriftstellerin George Sand kennen, da die Ikone vieler Frauen in Europa ebenso häufig unterwegs war wie Fanny selbst.

Fanny Lewalds Reportagen über die Ereignisse des Revolutionsjahres sind spannende Berichte einer Augenzeugin. Ob in Berlin, Paris oder in anderen Städten: Sie ging überall ganz nah an die Orte, wo die Aufstände stattfanden, um direkt am Geschehen teilzuhaben, interviewte Frauen und Männer auf der Straße, nahm an Versammlungen teil und suchte Kontakte zu berühmten Zeitgenossinnen. Im Herbst 1848 finden wir die Schriftstellerin als Zuhörerin auf der Galerie der Paulskirche in Frankfurt, wo die Debatten der ersten deutschen Nationalversammlung stattfanden. In ihrem Bericht darüber treten alle wichtigen Personen auf, die damals über die Zukunft Deutschlands diskutierten: **Heinrich von Gagern**, **Robert Blum**, **Julius Fröbel** u. a. Lewalds ausführliche und präzise Darstellung auch über das Aussehen dieser Männer ist deshalb interessant, weil kaum Portraits von ihnen überliefert sind. Geführt wurden die Debatten natürlich nur von Männern, da eine Frau als Politikerin zu dieser Zeit undenkbar war. Ihr Buch *Erinnerungen aus dem Jahr 1848* erschien zwei Jahre später im Druck, gerade noch rechtzeitig vor der Verschärfung der Zensur durch die preußischen Behörden. Der Text zeigt ganz deutlich die republikanische Gesinnung der Autorin, an der sie trotz engen Freundschaften mit einigen Adligen lebenslang festhielt.

Fanny Lewalds nächste große Reise fand im Sommer 1850 nach England und Schottland statt. In London machte sie Bekanntschaft mit Emigrantinnen und Emigranten aus Deutschland, Österreich, Ungarn und Italien, die nach der Niederschlagung der Revolutionen in ihrer Heimat in die Hauptstadt des liberalen Englands flüchteten. Tief beeindruckt war sie vor allem von dem ungarischen Ehepaar **Therese** (1819–1866) und **Franz Pulszky** (1814–1897). Therese arbeitete zu dieser Zeit an ihrem Buch über die Geschichte des ungarischen Freiheitskampfes, deren Niederschlagung ganz Europa bewegte. Franz Pulszky, der 1848/49 einer der engsten Mitarbeiter von Lajos Kossuth, dem Anführer der Revolution in Ungarn war, beeindruckte die deutsche Schriftstellerin nicht nur durch seine Hilfsbereitschaft anderen Flüchtlingen gegenüber, sondern auch mit seinem großen Wissen über die Kunst und Literatur des Abendlandes. In ihrem gastlichen Haus trafen viele Revolutionsflüchtlinge verschiedener Nationalitäten zusammen. In London lernte Fanny Lewald auch führende englische Literaten und Gelehrte kennen, wie zum Beispiel den Historiker **Thomas Carlyle** (1795–1881), dessen Ehefrau **Jane Carlyle** (1801–1866) einen literarischen Salon führte. Beide kannten sich in der deutschsprachigen Literatur gut aus, und Thomas Carlyle übersetzte mehrere Werke der deutschen Klassiker.

Die Schriftstellerin aus Deutschland bewegte sich jedoch nicht nur in Kreisen der oberen und mittleren Schichten des Gastlandes, sondern sie besuchte auch Wohnsiedlungen der Arbeiterfamilien, die durch die industrielle Entwicklung rasant gewachsen waren. Sie schilderte die schlechten Wohnverhältnisse der Arbeiterfamilien und berichtete über Elend und Prostitution auf den Straßen. In dem in Tagebuchform geschriebenen Reisebericht schlug Lewald einen ganz persönlichen Ton an, sie teilte den Lesern und Leserinnen unverstellt ihre Gefühle und Ängste bei Begegnungen mit den Ärmsten mit. Charakteristisch ist für die Autorin auch, dass sie viele alltägliche Dinge wie Reinigung der Straßen, Gestaltung der Häuserfassaden oder die Kleidung der Frauen und Männer schilderte. Immer wieder richtet sie ihre Augen jedoch vor allem auf das Alltagsleben der

Frauen, sowohl von einfachen Arbeiterinnen als auch den vornehmen Damen.

Bereits zu Beginn ihrer schriftstellerischen Laufbahn interessierte sich Fanny Lewald für die Ziele der Frauenbewegung. Sie übernahm zwar keine aktive Rolle in Frauenvereinen und Organisationen, unterstützte jedoch die Emanzipationsbestrebungen der Frauen mit zahlreichen Artikeln und Buchveröffentlichungen. Die Festlegung ihres Betätigungsfeldes auf das Haus, ihr Ausschluss aus weiterführenden Schulen und der Zwang zu einer »Versorgungsehe« thematisierte sie bereits in ihrer mehrbändigen Autobiografie *Meine Lebensgeschichte*, die sie ab 1860 veröffentlichte.

1863 lösten ihre *Osterbriefe für die Frauen* große Resonanz beim lesenden Publikum aus. Sie trat in diesen Briefen, die in der liberalen National-Zeitung erschienen, vehement für das Recht der Frauen auf Bildung und Erwerb ein. Drei Jahre später veröffentlichte Lewald in der gleichen Zeitung unter der Überschrift *Für die Gewerbthätigkeit der Frauen* sechs wieder in Briefform geschriebene Artikel. In diesen Texten schilderte sie mit zahlreichen konkreten Beispielen die traurigen Schicksale vieler Familien, die durch den frühzeitigen Tod des Ehemannes und Vaters ins Elend gestürzt worden waren. Hätten die Mütter und Töchter einen erlernten Beruf, so ist ihre These, wäre das Überleben der Familie auch nach dem Tod des Ernährers gesichert gewesen. Fanny Lewald warb leidenschaftlich für die »*Emanzipation zur Arbeit der Frauen*« mittels Gewerbeschulen für Mädchen, damit sie als qualifizierte Arbeitskräfte nicht gezwungen seien, »*den ersten Mann, der vorbeikommt*« zu heiraten. Sie kämpfte in ihren Schriften gegen das vorherrschende Vorurteil, handwerkliche und kaufmännische Arbeit als minderwertige Tätigkeit zu betrachten. Auch sollten Frauen nach einer Heirat in ihrem gelernten Beruf tätig bleiben können.

In der Buchausgabe ihrer »Osterbriefe«, die sie mit dem Titel *Für und wider die Frauen* herausgab, berichtete Fanny Lewald auch über die neuen Bildungs- und soziale

Einrichtungen für Frauen, die seit Mitte der 1860er Jahren in Berlin entstanden. Das Buch ist dem englischen Sozialphilosophen **John Stuart Mill** gewidmet, dessen Werk *The Subjection of Women* kurz nach der Veröffentlichung in England 1869 mit dem Titel *Die Hörigkeit der Frau* auch auf Deutsch erschien. Die Übersetzerin des Werkes war **Jenny Hirsch**, Gründungsmitglied des Berliner Frauenbildungs- und Erwerbsvereins, der unter dem Namen seines Initiators als Lette-Verein in die Geschichte einging.

Im Herbst 1869 lud der Lette-Verein Frauenbildungsvereine aus anderen Städten und Ländern zu einer Konferenz nach Berlin ein. Zur Vizepräsidentin der Versammlung wurde die Darmstädter Frauenrechtlerin **Luise Büchner** gewählt. Auch **Fanny Lewald** nahm an dieser Konferenz teil und die beiden Frauen lernten sich vermutlich auch persönlich kennen. Drei Jahre später fand die erste Generalversammlung des in Berlin gegründeten Lette-Verbandes in Darmstadt statt. Zu dieser Konferenz war auch Fanny Lewald eingeladen, konnte jedoch nicht daran teilnehmen. Am Ende der Konferenz dieser vielfältigen Versammlung schickten die Delegierten ein Telegramm an die Zürcher Universität, in dem sie den Professoren und der Universitätsleitung dankten, dass sie als erste Hochschule der Welt Frauen als Studentinnen akzeptiert hatten.

Fanny Lewalds Werk umfasst sechsundzwanzig teils mehrbändige Romane, unzählige Erzählungen, Artikel und Reiseberichte. Daneben schrieb sie tausende von Briefen an ihre Freundinnen, Freunde und Bekannte, die teilweise gedruckt vorliegen. In ihren letzten Lebensjahren veröffentlichte sie ihre Erinnerungen an berühmte Zeitgenossinnen und Zeitgenossen, mit denen sie im Laufe ihres Lebens bekannt oder befreundet war. Diese persönlichen Erinnerungen sind für die Literaturgeschichte von unschätzbarem Wert.

Die Klarheit ihrer Sprache, die Offenlegung der eigenen Gefühle ohne falsche Sentimentalitäten, ihre Ironie und ihr Humor machen fast alle Schriften von Fanny Lewald auch heute noch zu einem Lesevergnügen. Da viele ihrer Werke in Neuausgaben oder digital vorliegen, kann jede und jeder eine der bedeutendsten Schriftstellerinnen des 19. Jahrhunderts ohne große Mühe entdecken. Vor allem ihre Reisebeschreibungen über Italien und England sowie ihr Bericht über das Revolutionsjahr 1848 sind wichtige Zeitdokumente sowohl für Historikerinnen und Historiker als auch für interessierte Laien.

Bertha von Suttner (1843–1913) – Ein Leben für den Frieden

Um die Wende vom 19. zum 20. Jahrhundert gab es im Gegensatz zu früheren Zeiten eine wachsende Zahl von Frauen, die weit über die Grenzen ihrer Heimat bekannt waren: dazu gehören die aus Polen stammende und in Paris forschende Chemikerin **Marie Curie**, die österreichische Schriftstellerin **Marie von Ebner-Eschenbach**, die Memoirenschreiberin **Malwida von Meysenbug**, die Frauenrechtlerin **Helene Lange** und die Schauspielerin **Sarah Bernhard**, um nur einige Namen zu nennen. Aber keine von ihnen war so berühmt wie **Bertha von Suttner**, deren Schriften und Vorträge überall auf der Welt große Aufmerksamkeit erregten. Ihre Ideen über einen dauerhaften Frieden zwischen den Völkern lösten  zugleich leidenschaftliche Befürwortung und heftige Ablehnung aus. Während sie als »Friedensfurie« in unzähligen Karikaturen verunglimpft wurde, diskutierte man über ihre Bücher und Artikel in höchsten Regierungskreisen. Sie hatte mächtige Unterstützer, aber auch mächtige Feinde.

Bertha von Suttners Ruhm begann 1889 mit der Veröffentlichung ihres Romans, *Die Waffen nieder*. Die oft gestellte Frage, ob Bücher die Welt verändern können, ist in diesem Fall eindeutig mit ja zu beantworten. Zahlreiche Leserinnen und Leser meldeten sich nach der Lektüre des Buches öffentlich zu Wort. Der schwedische Industrielle Alfred Nobel, schrieb ihr: *»Ich habe gerade die Lektüre Ihres bewundernswerten Meisterwerkes beendet. Man sagt, dass es zweitausend Sprachen gibt – das wären 1999 zu viel – aber sicherlich gibt es keine Sprache, in die Ihr herrliches Werk nicht übersetzt werden müsste, um gelesen und darüber nachgedacht zu werden.«*

Die Ich-Erzählerin des Romans, die aus Wien stammenden Gräfin Martha Althaus, schildert das Schicksal ihrer Ehemänner und mehrerer Angehörige, die in Folge von Kriegen ihr Leben verloren. Im Krieg zwischen Österreich und Frankreich 1859 stirbt ihr erster Ehemann, den sie kurz vorher geheiratet hatte. Durch den sinnlosen Tod vieler jungen Männer wird die junge Frau zur überzeugten Pazifistin. Ihr zweiter Ehemann, ein Offizier der österreichischen Armee muss 1864 im Deutsch-Dänischen Krieg und zwei Jahre später an der kriegerischen Auseinandersetzung zwischen Preußen und dem von Österreich geführten Deutschen Bund mitkämpfen. Angeekelt von der sinnlosen Tötung auf den Schlachtfeldern scheidet er aus der Armee aus und unterstützt die Friedensaktivitäten seiner Frau. Aber auch er stirbt, als er 1870 beim Ausbruch des Deutsch-Französischen Krieges in Paris wegen des Verdachts, ein preußischer Spion zu sein, standrechtlich erschossen wird.

Das Buch hatte vor allem beim weiblichen Publikum einen durchschlagenden Erfolg. Viele der Leserinnen erlitten nämlich ein ähnliches Schicksal wie die Protagonistin des Romans und fühlten sich durch das Buch in ihrem Wunsch nach Frieden bestätigt. Bertha von Suttner erhielt unzählige zustimmende Briefe und Rezensionen von Frauen und Frauenvereinen, nicht nur aus Deutschland, sondern auch nach dem Erschienen des Romans aus vielen anderen Ländern. Von 1892 bis 1899 war sie auch Mitherausgeberin einer Zeitschrift mit dem Titel *Die Waffen nieder! Monatsschrift zur Förderung der Friedensbewegung*, durch die sie noch berühmter wurde als durch ihren Roman.

Der Lebensweg dieser außergewöhnlichen Frau war bei ihrer Geburt im Jahre 1843 in Prag keineswegs vorherzusehen. Ihre Eltern bildeten alters- und herkunftsmäßig ein ungleiches Paar: Der Vater, ein Graf von Kinsky, bereits 76 Jahre alt, starb kurze Zeit vor ihrer Geburt. Die Mutter, 46 Jahre jünger als ihr Mann, stammte aus einer bürgerlichen Familie und war für die Familie Kinsky eine »persona non grata«, da sie keine standesgemäße Verbindung war. Berthas Mutter führte nach dem Tod ihres Mannes ein mondänes Leben und verspielte in Spielcasinos nach und nach das geerbte Vermögen. Ihr einziges Kind wurde von Privatlehrern und Lehrerinnen unterrichtet. Berthas wichtigste Erzieher waren jedoch Bücher der Weltliteratur. Stolz berichtete sie in ihren Memoiren, welche Bücher sie als Heranwachsende gelesen hatte: *»Den ganzen Shakespeare, den ganzen Goethe, den ganzen Schiller und Lessing, den ganzen Victor Hugo ... Grillparzer, Byron, Shelley«.* Auch las sie die Romane von George Sand und vielen anderen französischen Autoren im Original, sie waren ihre »geistige Genossen«, in deren Gesellschaft sie *»eine glückliche, von ihren persönlichen Erlebnissen entrückte doppelexistenz«* führte. Bertha Kinsky bekam mehrere Heiratsanträge, die sie jedoch zurückwies, da sie auf die »große Liebe« wartete. Als kein Geld mehr da war, beschloss sie ihren Lebensunterhalt selbst zu verdienen und wurde Erzieherin bei der reichen Familie Suttner in Wien. Bald verliebte sich der jüngste Sohn der Familie in die 30jährige, weswegen ihr nach zwei jähriger Tätigkeit gekündigt wurde. Bei der Suche einer neuen Anstellung stoß Bertha von Kinsky auf eine Zeitungsannonce, in der ein alleinstehender Herr in Paris nach einer Sekretärin und Hausdame suchte. Nachdem Bertha ihr Interesse an diese Arbeit bekundet hatte, entstand ein Briefwechsel zwischen ihr und **Alfred Nobel**, der die Anzeige aufgegeben hatte. *»Er schrieb geistvoll und witzig, doch in einem schwermütigen Ton«,* schrieb sie in ihren Memoiren. *»Der Mann schien sich unglücklich zu fühlen, ein Menschenverächter zu sein, und von umfassendster Bildung, von tief philosophischem Weltblick. Er, der Schwede, dessen zweite Muttersprache Russisch war, schrieb mit gleicher Korrektheit und Eleganz Deutsch, Französisch und Englisch.«* Alles Sprachen, die auch Bertha beherrschte, Russisch wohl erst später nach dem Aufenthalt in Georgien. Bertha von Kinsky fuhr nach Paris. Die beiden fanden sich einander sympathisch, dennoch wurde aus dieser ersten Begegnung kein Arbeitsverhältnis, da Bertha paar Tage später, ohne sich groß zu verabschieden, nach Wien zurückfuhr, um ihre große Liebe, den sieben Jahren jüngeren Arthur von Suttner, heimlich zu heiraten.

Um den Schwierigkeiten mit Arthurs Familie aus dem Weg zu gehen, verließ das junge Paar nach der Eheschließung Österreich Richtung Südosten auf der Donau nach Rumänien, um von dort aus mit der Postkutsche weiter nach Odessa am Schwarzen Meer zu reisen. Ihr Ziel war Georgien, wo sie knapp zehn Jahre lebten und arbeiteten.

Ihren Lebensunterhalt verdienten beide mit dem Schreiben von Berichten, Erzählungen und Romanen, die in deutschen und österreichischen Zeitschriften erschienen. Als sie im Mai 1885 nach Österreich zurückkehrten, waren beide bereits etablierte Schriftsteller, Bertha jedoch weitaus erfolgreicher als Arthur. Nach der Aussöhnung mit Arthurs Familie ließen sie sich auf dem Landschloss der Familie in Harmannsdorf nieder, wo Bertha von Suttner bis zum Tod ihres Mannes im Jahre 1902 lebte.

Noch vor der Veröffentlichung ihres Erfolgsromans, traf Bertha von Suttner im Winter 1886/87 in Paris Alfred Nobel wieder. Über das Wiedersehen schrieb sie in ihrer Autobiografie:

> Ich fand ihn unverändert, nur etwas grau geworden, aber in seine Arbeiten und Erfindungen vertiefter als je. Arthur interessierte sich heftig für seine chemischen Arbeiten, die er ihm an der Hand seiner Tiegel und Apparate eingehend erklärte, als er uns an einem der nächsten Tage, für den er uns zu Tisch gebeten, die Honneurs seines Hauses und seines Laboratoriums machte. Er lebte noch immer sehr abgeschlossen von der Welt; das einzige Haus, das er manchmal besuchte, war das der Madame Juliette Adam, und er führte uns dort ein.

Während ihres Aufenthaltes in Paris erfuhr Bertha von Existenz einer Friedensgesellschaft in London, einer Bewegung, die sich für Schiedsgerichte bei internationalen Konflikten einsetzte. Ihr Interesse für die Friedensbewegung erwachte und sie begann Material für ihr Buch *Das Maschinenalter* zu sammeln. Das Buch, das auch einen Bericht über die Londoner Schiedsgerichts- und Friedensgesellschaft enthielt, erschien 1887, zwei Jahre vor ihrem Roman *Die Waffen nieder*. Zur Entstehung ihres berühmten Romans schrieb sie in ihren Memoiren: »Nicht ich bin auf die Idee, sondern die Idee ist über mich gekommen; aber *wie, warum?... Nichts ist schwerer, als ein Ding auf seinen Ursprung zu verfolgen, gewiss liegt ein solcher vor, gewiss hat mir irgendeine Buchstelle, oder ein gehörtes Wort den allerersten Keim zu dieser Ideenrichtung gegeben, aber in welchem Buch war die Stelle, wann fiel jenes Wort? Dessen erinnere ich mich nicht.«*

Gleich nach dem Erfolg ihres Buches begann Bertha von Suttners praktische Arbeit: Im Oktober 1891 gründete sie die *Österreichische Gesellschaft der Friedenfreunde*, deren Präsidentin bis zu ihrem Tod war. Zu der Gründung gratulierten ihr viele berühmte Leute, unter ihnen **Frederic Passy**, der Präsident der französischen Friedensgesellschaft, **Henri Dunant**, der Gründer des *Internationalen Roten Kreuzes*, der Schweizer Dichter Conrad Ferdinand Meyer und der Gründer des deutschen Freidenkerbundes **Ludwig Büchner** aus Darmstadt. Mit Büchner, einem jüngeren Bruder von Georg und Luise Büchner, war Bertha von Suttner seit 1887 bekannt. In ihrem Nachlass, der im *Genfer Völkerbundarchiv* aufbewahrt ist, sind mehrere Postkarten, Briefe und Telegramme von ihm zu finden. Ludwig Büchner wurde ähnlich wie Bertha von Suttner mit einem Buch weltberühmt. Sein Buch mit dem programmatischen Titel *Kraft und Stoff* enthält seine Thesen über einen naturwissenschaftlichen Materialismus. Es wurde bereits 1855 veröffentlicht und erreichte unzählige Auflagen nicht nur in Deutschland, sondern auch in vielen anderen Ländern.

Kurz nach der Gründung der österreichischen Friedensgesellschaft fuhr Bertha von Suttner mit ihrem Mann nach Rom zum Internationalen Friedenskongress. Dort hielt sie ihre erste große öffentliche Rede. Sie schrieb darüber in ihren Memoiren:

> *Lampenfieber ... das war ein Zustand, an dem ich im Leben krampfhaft gelitten hatte. ...Und jetzt sollte ich – zum ersten Mal im Leben – auf einem Weltkongress, in Anwesenheit von Staatsmännern reden, in so feierlicher Versammlung, an solchem Orte – das Kapitol! Eine öffentliche Rede halten, deren Wortlaut von den Zeitungskorres-*

*pondenten aller Länder stenographiert und hinaus-
telegraphiert würde. Man sollte glauben, dass sich
nun der besagte Dämon auf mich stürzen müsste,
um mich jämmerlich zu würgen. Nichts davon.*

*Ganz ruhig, unbefangen, freudig gehoben sagte ich,
was ich zu sagen hatte und stürmischer Beifall folgte mein Wort.*

Von da an hielt sie Vorträge überall in Europa. Auch wurde
sie zweimal zu längeren Vortragsreisen in die USA eingeladen. Zusammen mit dem Pazifisten und Verleger Alfred
Fried gründete Bertha von Suttner 1892 auch in Deutschland eine Friedensgesellschaft. Wie selbstlos Suttner für
den Frieden kämpfte, geht aus ihren Briefen an Alfred
Nobel vor. Sie versuchte immer wieder, den reichen Freund
zu bewegen, sein Geld und seinen Erfindergeist in der
Friedensbewegung einzusetzen, um Kriege zu verhindern.
Nobel war jedoch vorerst der Meinung, dass der Weg zum
dauerhaften Frieden zwischen den Staaten nur durch Ab-
schreckung und Aufrüstung möglich sei. Suttner hielt den
althergebrachten Spruch *»willst du Frieden, rüste zum
Krieg«* für einen *»altrömischen Idiotensatz«*.

Im Dezember 1892 wurde Bertha von Suttner zur Vizepräsidentin der *Internationalen Friedensgesellschaft*
in Bern gewählt. Anschließend traf sie in Zürich Alfred
Nobel, um Pläne für die finanzielle Unterstützung der
Friedensbewegung zu besprechen. Nach diesem Treffen,
das mit intensiven Gesprächen ausgefüllt war, schickte
Bertha von Suttner Nobel regelmäßig Berichte über die
Fortschritte in der Friedensbewegung und über ihre Verhandlungen mit Politikern und Diplomaten. Ihre Hartnä-
ckigkeit in der Sache führte zum Erfolg: Am 10. Dezember
1896, ein Jahr vor seinem Tod, setzte Nobel in seinem
Testament fest, dass der größte Teil seines Vermögens
einer Stiftung zugeführt werden sollte, die jedes Jahr die
Zinsen des Fonds unter denen verteilt, *»die im vergangenen Jahr der Menschheit den größten Nutzen erbracht
haben«*, und zwar zu gleichen Teilen an Personen aus
fünf Gebieten Physik, Chemie, Medizin, Literatur und der
Friedensbewegung. Nobel betonte, dass die Nationalität

keine Rolle spielen dürfe, vielmehr solle der Würdigste den Preis erhalten.

Die ersten Nobelpreise wurden 1901 vergeben. Bertha von Suttner, die einen großen Anteil an der Gründung der Stiftung hatte, war nicht unter den ersten Preisträgern, worüber sie sehr enttäuscht war. Erst 1905 wurde ihr für ihre Bemühung, die pazifistische Idee zu verbreiten, der Friedensnobelpreis zugesprochen. Die Nachricht darüber erreichte sie auf einer Vortragsreise durch Deutschland. Sie hielt sich gerade in Wiesbaden auf, als das Telegramm aus Schweden eintraf. In ihr Tagebuch notierte sie: »*Schlaflose Nacht. – Merkwürdig: statt Freude bereitet das auch Kummer. Ist aber doch großartig*«. Kummer wahrscheinlich deswegen, weil sie bereits seit vier Jahren vergebens auf diesen Preis gewartet hatte, weil ihr, der Initiatorin dieses Preises, der Gründerin der Friedensgesellschaften in Österreich, Italien und Ungarn und unermüdlichen Kämpferin für den Frieden, immer wieder ein anderer vorgezogen worden war.

Ihr Mann Arthur von Suttner erlebte den Triumph seiner Frau nicht mehr: er starb 52jährig 1902. In der Geschichtsschreibung steht er stets hinter seiner Frau, obwohl er neben seiner Arbeit in der Friedensbewegung, auch vehement gegen den immer stärker werdenden Antisemitismus in Österreich kämpfte. 1891 gründete er in Wien den *Verein zur Abwehr des Antisemitismus*. Er war einer der weniger Nichtjuden, die einen solchen Verein initiierten.

Nach dem Tod ihres Mannes lebte Bertha von Suttner in Wien. Noch die letzten Monate, ja Wochen ihres Lebens waren erfüllt mit den Vorbereitungsarbeiten des für September 1914 in Wien geplanten Friedenskongresses. Auch die Verfilmung ihres Romans *Die Waffen nieder* erlebte sie noch. Für dessen Vorspann wurden auch Aufnahmen von ihr gemacht. Sie starb wenige Tage vor dem Attentat in Sarajevo am 21. Juni 1914 und erlebte nicht mehr, wie die großen Mächte wieder auf einander losschlugen. Allerdings war sie nie so blauäugig zu glauben, dass in Zukunft keine Kriege mehr geführt werden und es war ihr stets bewusst, dass die Idee, Konflikte friedlich zu lösen, in einer von Nationalismus und Krieg faszinierten Welt nur schwer zu verbreiten sei:

> *Neue Ideen sind wie die Nägel – alte Zustände und Institutionen sind wie dicke Mauern. Da genügt es nicht, den spitzen Nagel hinzuhalten und einen Schlag zu tun – hundert und hundertmal muss der Nagel getroffen werden und zwar auf den Kopf getroffen werden, damit er endlich sitze.*

Ágota Kristof (1935–2013) – Übungen zum Überleben

Nach der blutigen Niederschlagung der ungarischen Revolution durch sowjetische Panzer im November 1956 verließen Hunderttausende Ungarn ihr Heimatland und flüchteten ins westliche Ausland. In den Reihen der Flüchtlinge, deren Zahl sich um die 200 000 bewegte, befand sich auch eine 21jährige Frau mit einem vier Monaten alten Kind. Ágota Kristof betonte in späteren Interviews, dass Ihr Mann,  den sie viel zu jung heiratete, nicht weiter in einer Diktatur leben wollte. Die junge Familie ließ sich in Neuchâtel in der Schweiz nieder, wo Ágota Kristof in einer Uhrenfabrik Arbeit fand, während ihr Mann an der Universität einen Studienplatz bekam.

»Ich habe in meinem ganzen Leben bedauert, dass ich mit 18 Jahren heiratete«, schrieb sie später. *»Mein Mann wollte nicht, dass ich die Universität in Budapest besuche und als wir in die Schweiz kamen, hat er weiterstudiert, nicht ich. Ich arbeitete in der Fabrik, damit wir leben konnten.«* Auf die Frage, was für sie schlimmer gewesen sei, die Kriegsjahre in Ungarn oder die Arbeit in der Fabrik, antwortete Ágota Kristof: Den Krieg zu ertragen, sei für sie nicht so schwer gewesen wie die monotone Arbeit in der Fabrik später. Während des Krieges spielte sie mit ihren beiden Brüdern den ganzen Tag auf der Straße ihres Heimatdorfes, und obwohl sie oft Hunger hatten und in der eisigen Winterkälte froren, hatte sie selbst eine glückliche Kindheit. Die Trennung von ihrer Familie und von ihrem Heimatland sowie der Verlust des sprachlichen Milieus im Exil war für sie eine Katastrophe.

In der Schweiz lebte Ágota Kristof wie viele andere Fabrikarbeiterinnen: Sie stand täglich um 5 Uhr in der Früh auf, brachte ihr Kind in die Krippe und arbeitete acht Stunden am Fließband. Abends lernte sie Französisch und fing irgendwann an, ihre Gedichte, die sie teilweise bereits in Ungarn als junges Mädchen verfasst hatte, ins Französische zu übersetzen und Stücke für das Theater in der erlernten Sprache zu schreiben. Der literarische Durchbruch kam erst 1986, nach dem Erscheinen ihres ersten Romans mit dem Titel »Le grand cahier« (dt. *Das große Heft*), in dem sie die Eindrücke ihrer Kindheit während des Krieges in Ungarn verarbeitete.

Obwohl das Buch mit an Kafka erinnernden Beschreibungen des Schreckens des Krieges, der Verlassenheit der Kinder und der Bösartigkeit der nächsten Angehörigen auch ohne Hintergrund zu verstehen ist, möchte ich den historischen Kontext des Romans kurz schildern.

László Németh, einer der bekanntesten Schriftsteller Ungarns stellte im Herbst 1943 in seiner Rede auf einer Schriftstellerkonferenz fest, dass Ungarn den Zweiten Weltkrieg wohl mit weniger Zerstörung überstehen werde als den Ersten Weltkrieg vierundzwanzig Jahren zuvor. Bis zu diesem Zeitpunkt war Ungarn nämlich fast das einzige europäische Land, dessen Städte von der Bombardierung verschont waren und deren jüdische Bevölkerung im Wesentlichen noch nicht von der »Endlösung« der Nationalsozialisten betroffen war. Viele der Intellektuellen haben zu dieser Zeit ein baldiges Ende der Kriegshandlungen erwartet. Sie hatten sich bitter getäuscht: In den letzten acht Monaten vor Kriegsende wurde Ungarn zu einem schwer umkämpften Kriegsschauplatz. Nach der Besetzung des Landes durch die deutsche Wehrmacht im März 1944 scheiterten die geheimen Verhandlungen der Horthy-Regierung mit den Sowjets, die einen Separatfrieden mit den Alliierten zum Ziel hatten. Die bis dahin im Parlament vertretenen linken Parteien wurden verboten und viele Repräsentanten der Opposition verhaftet. Anfang 1944 lebten etwa 600.000 Juden und Jüdinnen in Ungarn. Nach dem Einzug des von Eichmann geführten Judenvernichtungskommandos nach Ungarn veränderte sich ihre Lage dramatisch. Ab Ende März mussten die ungarischen Juden, wie ihre Schicksalsgenossen in anderen Ländern unter deutscher Besatzung, den gelben Stern tragen. Bald begannen die Deportationen. Ende Juni 1944 waren fast alle Juden, die außerhalb von Budapest wohnten, nach Auschwitz deportiert und ermordet worden. Als Horthy, der noch bis September seine Position als Staatsoberhaupt bewahren konnte, Anfang Juli die Deportationen einstellte, war die jüdische Bevölkerung auf dem Land beinahe vernichtet. Im Oktober wurde dann auch Horthy abgesetzt und die ungarischen Nazis, die Pfeilkreuzer, übernahmen die Macht und wüteten weiter, bis die sowjetische Armee die Hauptstadt im Februar 1945 eroberte. Die russischen Soldaten wurden am Anfang durchaus als Befreier empfangen, bald entpuppten sie sich jedoch als Unterdrücker, Vergewaltiger und Despoten.

Im Frühjahr 1944 zogen Ágota Kristofs Eltern mit ihren drei Kindern aus ihrem Dorf in die Grenzstadt Köszeg mit etwa 12 000 Einwohnern. Sie erlebten dort die Dramatik des letzten Kriegsjahrs hautnah mit: Im Frühjahr 1944 zogen die deutschen Truppen in Richtung Osten durch die Stadt und am Ende des Jahres wiederum vom Osten nach Westen auf der Flucht vor der Sowjetarmee. Im Schlepptau der Wehrmacht trieben SS–Bewacher viele jüdische Ungarn durch die Stadt, die vorher als sogenannten »Arbeitsdienstler« in Lager eingesperrt waren.

Viele dieser Menschen starben bei dem erzwungenen Marsch, sie wurden erschossen, wenn sie zu fliehen versuchten oder fielen wegen Erschöpfung tot um. Unter ihnen war auch der große ungarische Dichter **Miklós Radnóti**, dessen Notizbuch mit seinen letzten Gedichten man nach Kriegsende neben seiner Leiche im Massengrab unweit von Köszeg fand.

Hier sind ein paar Zeilen aus einem seinen Gedichten in der Übersetzung von Franz Fühmann:

Zu einer Zeit lebte ich auf Erden
da Denunziation verdienstlich war
und Räuber, Mörder, Henker Helden hießen.
Doch dem, der stumm war oder nur zum
Brüllen zu träg
Ging man wie einem Leprakranken aus dem Weg.

In der Nähe von Köszeg, direkt an der Grenzstation, erinnert heute ein Gedenkstein an die 2400 ermordeten ungarischen Zwangsarbeiter.

Ende 1944 gab es in Budapest kaum mehr etwas zum Essen und viele Stadtbewohner flohen aufs Land. Nachdem die Sowjets das Land besetzten, begann der Ausbau eines Einparteiensystems nach dem Muster der Sowjetunion. All diese Geschehnisse ihrer Kinder- und Jugendjahre erscheinen in Ágota Kristofs Büchern. »*Ich habe nur wenig erfunden*«, sagte sie nach dem Erfolg ihrer Romane in einem Interview. Um darüber in einer fremden Sprache schreiben zu können, brauchte sie allerdings fast dreißig Jahre.

Die Hauptpersonen ihres Romans *Das große Heft* sind die neunjährigen namenlosen Zwillinge. Die beiden werden von der Mutter aufs Land gebracht, damit sie den Krieg dort besser überleben. In dem letzten Haus vor der Grenze eines nicht genannten Orts wohnt die Großmutter, die von den Dorfbewohnern Hexe genannt wird. Um den Schmerz der Trennung von der Mutter zu ertragen, machen die Zwillinge ihre selbstauferlegten »Studien« und »Übungen« in der Dachkammer: Sie schreiben Aufsätze in der Wir-Form, die sie gegenseitig korrigieren und in ein »*Großes Heft*« eintragen – aber nur dann, wenn ihre Texte einer »sehr einfachen Regel« genügen: »*Der Aufsatz muss wahr sein. Wir müssen beschreiben, was ist, was wir hören, was wir machen.*« Worte wie »lieben« dürfen nicht vorkommen, es fehle ihnen an Genauigkeit und Sachlichkeit, schreiben die Brüder, schreibt Ágota Kristóf.

Der kurze Roman endet mit dem Tod der Mutter, die mit einem Deutschen, von dem sie ein Kind erwartet, vor den Russen flieht. Ihr Auto explodiert vor dem Haus der Großmutter. Jahre später kommt auch der Vater der Zwillinge durch den Ort und will die hermetisch abgesperrte Grenze mit Hilfe seiner Kinder überwinden. Er kommt aus dem Gefängnis, wo er gefoltert wurde. Bei der Flucht tritt er auf eine Mine und stirbt. Und da jetzt ein minenfreier Weg frei ist, wie die Jungen es vorausgesehen oder sogar geplant hatten, kann einer der Zwillinge ohne Gefahr die

Grenze überwinden. Sein Bruder, der im Ágota Kristofs zweiten Roman den Namen Lucas erhält, verfällt in der nachfolgenden Zeit in Depressionen und stirbt beinahe an Schmerz wegen der Trennung von seinem Bruder.

Zwei Jahre nach der Veröffentlichung des Romans *Das große Heft* erschien Ágota Kristofs zweites Buch mit dem Titel *La Preuve* (dt. *Der Beweis*). Auch hier kann man die Handlung aus dem historischen Kontext erschließen: Nachdem die aus Moskau zurückgekehrten ungarischen Kommunisten mit sowjetischer Hilfe die alleinige Macht in Ungarn übernommen hatten, begann Ende 1948 eines der dunkelsten Kapitel der ungarischen Geschichte. Alle Zeitschriften, die nicht hundertprozentig die Parteilinie wiedergaben, wurden eingestellt, Schriftsteller, Künstler, Juristen und Berufsverbände in zentrale Organisationen gezwängt. Es begann eine beispiellose Hetzjagd gegen wirkliche und vermeintliche Gegner des Regimes. Menschen wurden willkürlich verhaftet, abgeholt und in Lager gesperrt, gefoltert und getötet.

Gerade noch rechtzeitig konnten Ende 1948 einige prominente Schriftsteller und Künstler ins Ausland flüchten. Die Schriftsteller **Sándor Márai**, **Lajos Zilahy**, **Szabó Zoltán,** der Musiker **György Solti** und der Filmregisseur **Géza Radványi** verließen das Land ebenso wie viele Namenlose. Schriftsteller, die im Land blieben und mit den Kommunisten keine Kompromisse schließen wollten, verdienten tagsüber mit Fabrikarbeit Geld fürs Überleben und schrieben für die Schublade. Das war auch das Schicksal des späteren Nobelpreisträgers **Imre Kertész**. Der Holocaust-Überlebende arbeitete Anfang der 50er Jahre als Schlosser, bis er sich mit Schreiben von seichten Lustspielen über Wasser halten konnte. Nebenbei schrieb er jahrzehntelang an seinem großen Werk, *Roman eines Schicksallosen*, der zwar 1973 in Budapest erschien, aber unbemerkt von der literarischen Öffentlichkeit schnell aus den Regalen der Buchhandlungen verschwand. Erst im Rentenalter des Schriftstellers, nachdem sein Buch in mehrere Sprachen übersetzt worden war, erkannte man, welche ungewöhnlichen stilistischen Mittel Kertész gefunden hatte, um die Vernichtung der europäischen

Juden in ihrer ganzen Dimension auf höchstem literarischem Niveau darzustellen.

Wie Ágota Kristof die 1950er Jahre verbrachte, wissen wir nicht genau. In einer Artikelserie für die Schweizer Zeitschrift »DU« erwähnte sie nebenbei, dass sie 1949 von den Eltern und ihren zwei Brüdern getrennt wurde und in ein Internat kam. Auf jeden Fall besuchte sie in einer Zeit das Gymnasium, in der die tägliche Unterricht mit sinnleeren Parolen vollgestopft war. In jedem Unterrichtsfach wurde die Weisheit der kommunistischen Führer und die Errungenschaften der russischen Wissenschaftler gepriesen. Alles was vom Westen kam, war verdächtig . Die Lobhudelei der Parteisekretäre, der allgegenwärtige Kult der Sowjetführer nahmen oft groteske Züge an. Ágota Kristof ging zur Schule in einer Zeit, in der Lehrerinnen und Lehrer Angst hatten, wegen eines unbedachten Wortes von Schülern denunziert zu werden und Eltern ihre Kinder täglich warnten, in der Schule nichts über die Gespräche von Zuhause zu erzählen.

Ágota Kistofs zweiter Roman wurde in Deutschland 1989 veröffentlicht, im Jahr der »friedlichen Revolution«, durch die in Ungarn und nach und nach in den anderen Staaten des Ostblocks die kommunistische Diktatur abgeschafft wurde. Bei Schreiben ihres Romans konnte Ágota Kristof nicht ahnen, dass die Welt, über die sie schrieb, endgültig verschwinden würde.

Die Handlung des Romans »Der Beweis« knüpft nahtlos an das Ende des ersten an. Der zurückgebliebene Bruder Lucas lebt allein im Haus der Großmutter an der undurchlässigen Grenze. Die Einwohner können nur mit einer besonderen Erlaubnis die Stadt verlassen und selbst Verwandte dürfen nicht zu Besuch kommen. Angst und Verzweiflung beherrschen das Leben der Menschen. In diesem Roman beschrieb Ágota Kristof die stalinistische Diktatur in all ihren Facetten, die Verfolgungen, die Angst der Menschen, die Vereinsamung der Verfolgten, das Misstrauen untereinander und die Leere in den Seelen der Menschen, all dies mit ganz knappen Worten in kurzen Szenen und Dialogen. Auch die Revolution von

1956, die von den Sowjets blutig niedergeschlagen wurde, wird von der Autorin in einer einfachen, lakonischen Sprache dargestellt. Durch dieses stilistische Mittel kann Kristof die Resignation der Menschen und die drückende Atmosphäre nach der Niederschlagung des Aufstandes für ihre Leser begreifbar machen. Ihr Stil erinnert an Kertész' Roman: kühle Beobachtung der Wirklichkeit, Gegenüberstellung von Grausamkeit und Menschlichkeit in kargen Sätzen ohne ausschmückende Adjektive. Anpassung und Widerstand liegt im Alltagsleben der Menschen ganz nah beieinander und es wird dem Leser klar, dass der Mensch in einem totalitären Gesellschaftssystem nur die Wahl hat, sich besser oder schlechter in die Maschinerie einzupassen.

Am Ende des zweiten Romans verschwindet der völlig vereinsamte Lukas spurlos aus der Stadt, wo er seine Kindheit und Jugend verbrachte. Im letzten Kapitel, das Jahrzehnte später spielt, kehrt der Bruder, der sich Claus nennt, aus dem fremden Land in die Stadt zurück und sucht nach Spuren seiner Kindheit und vielleicht auch nach seinem Bruder. Spätestens jetzt stellt die Leserin die Frage: Sind die Zwillinge ein und dieselbe Person, die zwei Seiten des Ichs: eine, die weggeht, eine, die bleibt?

Ágota Kristof schloss 1991 ihre Trilogie mit dem Roman *La troisième mensonge* (dt. *Die dritte Lüge*) ab. In diesem Buch ist Lucas der Bruder, der damals weggegangen ist und jetzt nach Jahrzehnten in die kleine Stadt zurückkommt. Er erinnert sich an die gemeinsamen Jahre mit seinem Bruder im Haus der Großmutter, an den Krieg und an die Einsamkeit nach der Trennung voneinander. Lucas sucht seinen Bruder, der hier Claus heißt. Er notiert alles, was er erlebt, in einem großen Heft. *»Mich würde interessieren, ob Sie wahre Geschichten schreiben oder erfundene«* – fragt ihn die Buchhändlerin. *»Ich versuche wahre Geschichten zu schreiben«*, antwortet Lucas, *»aber ab einem bestimmten Moment wird die Geschichte unerträglich, eben weil sie wahr ist, und dann muss ich sie ändern...Kein Buch, auch wenn es noch so traurig ist, kann so traurig sein wie ein Leben.«* Dieser Satz ist Ágota Kristofs Schlüsselsatz, den sie in ihren wenigen

Interviews stets wiederholt: Kein Buch kann so traurig sein wie ein Leben.

Der letzte Band von Ágota Kristoff Trilogie ist ein weiterer Versuch, die Erinnerungen an die Vergangenheit aufzuschreiben. Einige Elemente und Figuren der ersten beiden Bücher kehren in diesem Band zwar zurück, die Geschichte ist hier jedoch eine ganz andere: Die Brüder wurden durch eine Familientragödie getrennt, nachdem die Mutter bei Kriegsbeginn den Vater erschossen hat, weil er seine Familie wegen einer anderen Frau verlassen wollte. Dabei traf eine Kugel auch Lucas, der jedoch überlebte und in einem Heim ohne Kontakt zu seinem Bruder aufwuchs. Mit fünfzehn Jahren flüchtete er in ein fremdes Land. Claus, der Bruder lebt in dieser Variation der Geschichte als Schriftsteller in der »Großen Stadt« und pflegt die geisteskranke Mutter. Als Lucas ihn aufsucht, will er ihn nicht wiedererkennen und schickt ihn fort, worauf sich der zurückgekehrte Bruder vor den Zug wirft.

Ágota Kristofs Werk ist voll von Geheimnissen und Rätselhaftem. Es ist, als wäre in allen ihren Büchern eine existenzielle Wahrheit umkreist, die die Autorin mit immer neuen Beschreibungen zu fassen versucht. Wird das große Heft mit »Wahrheiten« oder »Lügen« gefüllt? Wir wissen es nicht. Die kleine Stadt Köszeg, wo Ágota Kristoff aufwuchs und auch der Schauplatz ihrer Romantrilogie ist, bekommt durch ihr Werk etwas Geheimnisvolles und Bedrückendes. Und die Leserin stellt erstaunt fest, welche Kraft Literatur hat, aus scheinbar friedlichen Kulissen kafkaeske Situation zu zaubern.

Benutzte Literatur (Auswahl)

Frauenfeindlichkeit:
Wider die Frau: zu Geschichte und Funktion misogyner Rede,
hrsg. von Andrea Geier und Ursula Kocher, Köln/Weimar 2008;
Christine de Pizan: Das Buch von der Stadt der Frauen.
München 1990; Virginia Woolf: A Room of One's Own, London 1929.

Männer für die Egalität der Geschlechter:
Ute Gerhard: *Frauenbewegung und Feminismus: Eine
Geschichte* seit 1789, München 2022;
John Stuart Mill: *Die Hörigkeit der Frau*, Sulzbach/Taunus 1997;
August Bebel: Briefe einer Ehe, hrsg. v. Ursula Herrmann,
Berlin 1997; Gisela Notz: *August Bebel oder der revolutionäre
Sozialdemokrat*, München 2023.

Seneca Falls:
Elisabeth Cady Stanton: *Achtzig Jahre und mehr –
Erinnerungen*, Aachen 2012;
Elisabeth Flexner: *Hundert Jahre Kampf – Die Geschichte der
Frauenrechtsbewegung in den Vereinigten Staaten*, Frankfurt
am Main 1978.

Frauen in der ungarischen Revolution:
Susan Zimmermann: *Die bessere Hälfte? – Frauenbewegungen
und Frauenbestrebungen in Ungarn der Habsburgermonarchie
1848 bis 1918*, Budapest/Wien 1999.

Frauenerwerbsarbeit:
Luise Büchner: *Frauen und ihr Beruf – Ein Buch der weiblichen
Erziehung*, (Nachdruck der dritten Aufl. 1860), Darmstadt 1981;
Cordelia Scharpf: Luise Büchner – *Eine evolutionäre
Frauenrechtlerin des 19. Jahrhunderts*, Bern 2013; Verena E.
Müller: *Marie Heim-Vögtlin – Schweizer Ärztin (1845-1916)*,
Baden/Schweiz 2007; Brigitte Kerchner: *Beruf und Geschlecht*,
Göttingen 1992.

Frauen unterwegs:
Agnes Schmidt (Hrsg.): *Darmstädterinnen unterwegs*,
Darmstadt 2009.

Schriftstellerinnen in finsteren Zeiten:
Hannah Arendt: *Ich will verstehen – Selbstauskünfte zu Leben und Werk*, hrsg. von Ursula Ludz, Zürich 1996; dies.: *Elemente und Ursprünge totaler Herrschaft*, Frankfurt am Main 1955; Ricarda Huch: Frühling in der Schweiz – Jugenderinnerungen, Zürich 1960; Katrin Lemke: *Ricarda Huch - Die Summe des Ganzen*, Weimar 2017; Erzsébet Galgóczi: *Eine andere Liebe*, Kiel 1986; Diana Haußmann: *Reden und Schweigen: Die Repräsentation algerischer Frauen im Werk Assia Djebars*, Freiburg 2015; Agnes Schmidt: *Assia Djebar, die große algerische Schriftstellerin (1936-2015)*, Vortrag zum Internationalen Frauentag 2023.

Caroline Schulz:
Wilhelm Schulz: *Briefwechsel eines Staatsgefangenen und seiner Befreierin*, Mannheim 1846; Walter Grab: *Wilhelm Schulz aus Darmstadt - Weggefährte von Georg Büchner und Inspirator von Karl Marx*, Frankfurt am Main 1987; Stefan Hochwald: *Caroline und Wilhelm Schulz*, Vortrag im Büchnerhaus Goddelau 2019.

Luise Büchner in Zürich:
Luise Büchner: *Eine Woche in Zürich*, in: Frauen-Anwalt, Jg. 1876, S. 1-11 und 33-38.

Fanny Lewald:
Fanny Lewald: *Meine Lebensgeschichte*, 3 Bde., hrsg. von Ulrike Helmer, Frankfurt am Main 1988; Christina Ujma (Hrsg.): *Fanny Lewald – Studien zu einer großen europäischen Schriftstellerin und Intellektuellen*, Bielefeld 2011.

Bertha von Suttner:
Bertha von Suttner: *Die Waffen nieder! - Eine Lebensgeschichte*, Berlin 1990; dies.: Memoiren, Stuttgart 1909; Brigitte Hamann: *Bertha von Suttner – Ein Leben für den Frieden*, München/Zürich 1986.

Ágota Kristof:
Agota Kristof: *Das große Heft*, München/Zürich 1987; *Der Beweis*, München/Zürich 1988; *Die dritte Lüge*, München/Zürich 1993; *Die Analphabetin – Autobiographische Erzählung*, München/Zürich 2007; Verena Auffermann: *Agota Kristof – Die Wörterbuchleserin*, in: Verena Auffermann, Gunhild Kübler, Ursula März, Elke Schmitter (Hrsg.): *Leidenschaften - 99 Autorinnen der Weltliteratur*, München 2009, S. 281–285.

Abbildungsnachweis

Luise-Büchner-Bibliothek: S. 11, 22, 25, 36, 40, 42, 45, 46, 48, 49, 69, 74, 77, 79, 80, 88, 96.
Wikipedia Deutschland gemeinfrei: Cover, S. 9, 12, 15, 16, 18, 19, 23, 38, 39, 43, 44, 47, 51, 54, 67, 75, 81, 89.
Wikipedia Ungarn gemeinfrei: S. 28, 30-33, 35, 59.

Portraitfoto Assia Djebar (S. 63):
https://scienceetbiencommun.pressbooks.pub/femmessavantes/chapter/assia-djebar-ecrivaine-et-historienne-1936-2015/
Portraitfoto von Agota Kristof (S. 97):
https://www.nyugat.hu/cimke/Krist%C3%B3f%20%C3%81gota%20eml%C3%A9kszoba